L'exportation

Les Éditions Transcontinental
1100, boul. René-Lévesque Ouest
24ᵉ étage
Montréal (Québec) H3B 4X9
Tél. : (514) 392-9000
        (800) 361-5479

Les Éditions de la Fondation
de l'entrepreneurship
160, 76ᵉ Rue Est
Bureau 250
Charlesbourg (Québec) G1H 7H6
Tél. : (418) 646-1994
        (800) 661-2160
Internet : www.entrepreneurship.qc.ca

La collection *Entreprendre* est une initiative conjointe des Éditions de la Fondation de l'entrepreneurship et des Éditions Transcontinental afin de répondre aux besoins des futurs et des nouveaux entrepreneurs.

Rédaction : Alain Samson

Conception : Kim Lafleur

Contribution : Serge Thériault (MIC), Robert Savard (Forum pour la formation en commerce international)

Mise en pages : Société-conseil Alain Samson

Conception graphique de la page couverture : Studio Andrée Robillard

Impression : Imprimeries Transcontinental inc. (Interglobe, Beauceville)

Dépôt légal — 1ᵉʳ trimestre 1999
Bibliothèque nationale du Québec
Bibliothèque nationale du Canada

ISBN 2-921681-89-7 (Les Éditions de la Fondation de l'entrepreneurship)
ISBN 2-89472-088-2 (Les Éditions Transcontinental)

Les Éditions Transcontinental remercient le ministère du Patrimoine canadien et la Société de développement des entreprises culturelles du Québec d'appuyer leur programme d'édition.

Préface

Le ministère de l'Industrie et du Commerce (MIC) soutient, par sa Direction de l'entrepreneurship et de la gestion d'entreprises (DEGE), les efforts des nouveaux entrepreneurs, car se lancer en affaires constitue un véritable défi et les premières années demeurent critiques pour la survie de l'entreprise. Pour ce faire, le Ministère a conçu et réalisé une série de 17 guides de gestion pour les aider à améliorer la qualité de leur gestion et à prendre de meilleures décisions.

Le Ministère s'est associé à des partenaires, soit la Fondation de l'entrepreneurship, la Banque Royale et les Éditions Transcontinental, pour vous offrir ces outils de gestion adaptés à la réalité vécue par les nouveaux entrepreneurs.

Devant la mondialisation de l'économie et la forte concurrence qui en découle, je suis persuadé que ces guides vous aideront à accroître la compétitivité de votre entreprise.

Guy Julien
Ministre délégué à l'Industrie et au Commerce

Remerciements

Nombreuses sont les personnes qui ont contribué à la publication de cette série de guides de gestion. L'empreinte de leur expertise se reflète dans le présent document et dans l'ensemble du projet.

Coordination

Louis Faucher, conseiller à la Direction de l'entrepreneurship et de la gestion des entreprises (DEGE) du ministère de l'Industrie et du Commerce, est le coordonnateur du projet et de la mise en œuvre des guides. Il est assisté de Jacques Villeneuve, conseiller à la DEGE ainsi que de Kim Lafleur, conseiller à la DEGE et coordonnateur ministériel du dossier *Entrepreneurship*. Monsieur Lafleur a eu l'idée originale de ce projet et a participé à sa mise en œuvre.

Conception

La conception du guide *L'exportation* a été rendue possible grâce à l'expertise de Kim Lafleur, de la DEGE du ministère de l'Industrie et du Commerce. Il faut également souligner la précieuse collaboration de Serge Thériault, conseiller en affaires internationales à la Direction des exportations du MIC, et de Robert Savard, conseiller privé en entreprise au Forum pour la formation en commerce international. Leur connaissance des préoccupations et des besoins en gestion des jeunes entreprises a été un atout précieux dans l'élaboration du contenu de ce guide.

Collaboration

Louise Bureau, secrétaire à la DEGE

Pierre Chantelois, conseiller à la DEGE

Gérald Dame, conseiller à la Direction des marchés intérieurs

André Deblois, coordonnateur d'activités de formation à la Fondation de l'entrepreneurship

Germain Desbiens, président-directeur général de la Fondation de l'entrepreneurship

Gaston Drolet, conseiller à la DEGE

Yves Dugal, conseiller à la DEGE

Patrice Gagnon, directeur général de l'ASAJEQ

Ruth Larouche, conseillère à la Direction régionale de Montréal

Jacqueline Rousseau, technicienne à la DEGE

Comité de lecture

Les commentaires et suggestions de nombreux conseillers des SAJE (Association des Services d'aide aux jeunes entrepreneurs du Québec, ASAJEQ) furent très appréciés quant au contenu professionnel des guides de gestion. Leur collaboration ainsi que celle de nombreux dirigeants d'entreprises contactés ont permis de rapprocher les outils de gestion développés et les besoins essentiels des jeunes entreprises.

Avant-propos

Cet ouvrage fait partie intégrante d'une série de guides de gestion destinés à améliorer la performance des jeunes entreprises par l'autoformation à de sains principes de gestion. L'ouvrage est à l'image de l'entrepreneur d'aujourd'hui, le style est concis et la formulation, facile d'approche.

Conçu pour aider les dirigeants de PME et les consultants en gestion, cet outil contient des informations essentielles ainsi que des conseils pratiques appuyés par des exemples concrets d'application. Les entreprises ciblées se retrouvent dans tous les secteurs d'activité, et elles ont moins de cinq années d'existence, cette période étant considérée comme critique pour leur survie.

La Direction de l'entrepreneurship et de la gestion d'entreprises du ministère de l'Industrie et du Commerce est à l'origine de cette collection. Elle est le fruit de recherches, de lectures et d'expériences professionnelles des différents auteurs et rédacteurs. De plus, cet outil de gestion répond bien aux attentes des dirigeants et intervenants qui ont validé le contenu de chacun des guides.

Louis Faucher
Conseiller en gestion
Coordonnateur du projet

Gouvernement du Québec
Ministère de l'Industrie et du Commerce
Direction de l'entrepreneurship et de la gestion d'entreprises

La Fondation de l'entrepreneurship

Mise sur pied en 1980, la Fondation de l'entrepreneurship est un organisme québécois sans but lucratif dont la mission s'énonce comme suit : « Identifier, libérer et développer le potentiel entrepreneurial des personnes et créer les conditions favorables au plein épanouissement de cet immense potentiel. »

Ainsi, pour aider les personnes à lancer et à gérer leur entreprise, la Fondation a créé Les Éditions de la Fondation de l'entrepreneurship, qui éditent et diffusent du matériel de sensibilisation, de formation et d'information spécialisé sur l'entrepreneurship. En plus de tous les titres de la collection *Entreprendre*, les Éditions de la Fondation de l'entrepreneurship ont élaboré des questionnaires d'évaluation du potentiel entrepreneurial, des vidéogrammes et un coffret d'audiocassettes portant sur le marketing.

Outre l'édition, le registre des actions de la Fondation de l'entrepreneurship est des plus étendus : colloque annuel, site Internet, projet de parrainage d'entrepreneurs, support financier à des activités de promotion, sensibilisation des décideurs publics et privés, sans oublier l'Institut d'entrepreneurship qui veille à ce que la formation en entrepreneurship occupe la place appropriée à tous les niveaux d'éducation au Québec, de la maternelle à l'université.

La Fondation de l'entrepreneurship s'acquitte de sa mission grâce au soutien financier d'organismes publics et privés. Elle rend un hommage particulier à ses trois partenaires :

• Hydro-Québec

• Caisse de dépôt et placement du Québec

• Mouvement des caisses Desjardins

Elle remercie également ses gouverneurs : Bell, l'Union des municipalités régionales de comté du Québec, le Centre de développement économique et urbain de la ville de Québec, le Fonds de solidarité des travailleurs du Québec (FTQ), la Société québécoise de développement de la main-d'œuvre, Télésystème National ltée, Martin International, le Service du développement économique de la Ville de Montréal, le Réseau des femmes d'affaires du Québec inc. et le Groupe Innovation International.

L'exportation

«L'exportation» a été réalisé par la Société-conseil Alain Samson, pour le compte du ministère de l'Industrie et du Commerce.

Si le feu est pris...

Les propriétaires de jeunes entreprises ont rarement le temps de se tourner les pouces et ne sont pas nécessairement prêts à lire tout un guide pour répondre à une question précise. Nous comprenons que vous soyez pressé.

Si vous n'avez pas le temps de lire l'ensemble de ce guide de gestion, répondez aux questions suivantes et consultez les réponses à la page 2. On vous y indique immédiatement le numéro des pages qui vous concernent.

Vous pourrez par la suite entreprendre une lecture complète, quand l'incendie aura été maîtrisé.

1. Le but de mon projet d'exportation est simple : grâce à de nouvelles ventes, je vais augmenter rapidement le fonds de roulement de mon entreprise.

Vrai ☐   Faux ☐

2. Mes clients actuels sont difficiles à satisfaire. C'est pour cette raison que je pense à l'exportation.

Vrai ☐   Faux ☐

3. J'aimerais trouver un marché d'exportation où il n'y a pas de concurrence. De cette façon, je pourrais exiger les prix qui me conviennent.

Vrai ☐   Faux ☐

4. J'ai bien hâte de voir mes produits sur les tablettes dans des pays étrangers. Quel plaisir ce sera de voir cette nouvelle clientèle évaluer mon produit!

Vrai ☐   Faux ☐

5. Je connais bien les pratiques commerciales appliquées dans le marché que je vais bientôt conquérir.

Vrai ☐   Faux ☐

6. J'ai déjà décidé d'envoyer mon meilleur vendeur pour représenter l'entreprise. Je ne laisserai pas ce nouveau marché tomber entre les mains d'un vendeur que je connais moins.

Vrai ☐   Faux ☐

7. Ce qui m'effraie le plus dans mon projet d'exportation, c'est le risque de ne pas être payé. Mais que voulez-vous, ça fait partie des affaires!

Vrai ☐   Faux ☐

8. Pour être certain que tout sera fait comme il faut, j'entends m'occuper personnellement de tout ce qui a trait au projet d'exportation.

Vrai ☐   Faux ☐

9. Je ne risque pas d'être déçu par l'exportation parce que je ne me suis pas fixé d'objectif de vente pour les premières années.

Vrai ☐   Faux ☐

10. Ma méthode de sélection des sous-traitants est simple : je choisis systématiquement celui qui offre le prix le plus bas.

Vrai ☐   Faux ☐

Les réponses à ces questions figurent à la page suivante.

Réponses aux questions

Question 1

Si vous avez répondu «vrai» à cette question, vous risquez d'être déçu. L'exportation est, dans les faits, une démarche de développement de marché et, par conséquent, elle demande du temps. Il est illusoire de penser à des encaissements rapides, d'autant plus que, si vous vendez davantage, vos comptes clients commenceront par grimper alors que votre encaisse, elle, diminuera. Rendez-vous à la page 8 et apprenez-en plus au sujet des avantages et des dangers de l'exportation.

Question 2

Si vous avez répondu «vrai» à cette question, vous risquez de vivre de grandes déceptions. Le premier marché à développer, c'est le marché local. Si vous n'êtes pas capable de satisfaire vos clients actuels, ce sera encore plus difficile de satisfaire des clients étrangers. Jetez donc un coup d'œil à la page 13.

Question 3

Si vous avez répondu «vrai», vous courez de grands dangers. S'installer dans un marché où il n'y a pas de concurrents, c'est peut-être s'installer dans un marché où il n'y a aucune demande. Apprenez à sélectionner des marchés potentiels en lisant la page 14.

Question 4

Si vous avez répondu «vrai», vous vous privez d'éléments qui pourraient faciliter votre arrivée dans le marché convoité. C'est bien avant que votre produit se retrouve sur les tablettes qu'il faut évaluer les besoins et les attentes des clients potentiels. Comme vous le verrez à la page 15, en matière de collecte d'information, il ne faut pas tourner les coins ronds!

Question 5

Vous aurez beaucoup plus de difficulté à gagner des parts de marché si vous ne connaissez pas la structure et les habitudes du circuit de distribution du pays convoité. Pour en savoir plus, courez à la page 18.

Question 6

Il existe plusieurs façons de faire son entrée dans un marché étranger. Certains vous garantissent le contrôle de votre investissement tandis que d'autres minimisent celui-ci. Ne prenez pas de décision avant d'avoir lu la page 19!

Question 7

Si vous avez répondu «vrai» à cette question, vous ignorez probablement que vous pouvez faire assurer votre créance et être payé même si votre client s'avère insolvable ou qu'un renversement de gouvernement vient bloquer les capitaux en pays étranger. Apprenez-en davantage en consultant la page 21.

Question 8

Si vous avez répondu «vrai» à cette question, vous n'avez peut-être pas pris conscience de la complexité de la tâche. Il est plus que temps de lire la page 24.

Question 9

Si vous avez répondu «vrai» à cette question, comment ferez-vous pour planifier votre production et l'utilisation de toutes vos ressources? L'établissement d'objectifs clairs est important dans un projet d'exportation. Passez vite à la page 23.

Question 10

N'oubliez pas, si vous avez répondu «vrai» à cette question, que c'est à une relation à long terme que vous devez songer lorsque vous sélectionnez vos partenaires externes. Vous avez besoin de sous-traitants qui ont à cœur autant que vous la satisfaction de la clientèle. Pour en savoir davantage, allez immédiatement à la page 26.

Vous êtes le patron!

Sans blague, vous n'avez pas à suivre ces réponses à la lettre ni à lire ce guide de gestion en entier.

Vous pouvez choisir des pages au hasard. Chaque page a été conçue pour constituer un texte autonome.

Partez à la découverte de ce guide de gestion comme il vous plaira. Vous êtes le patron!

Table des matières

Le fil conducteur

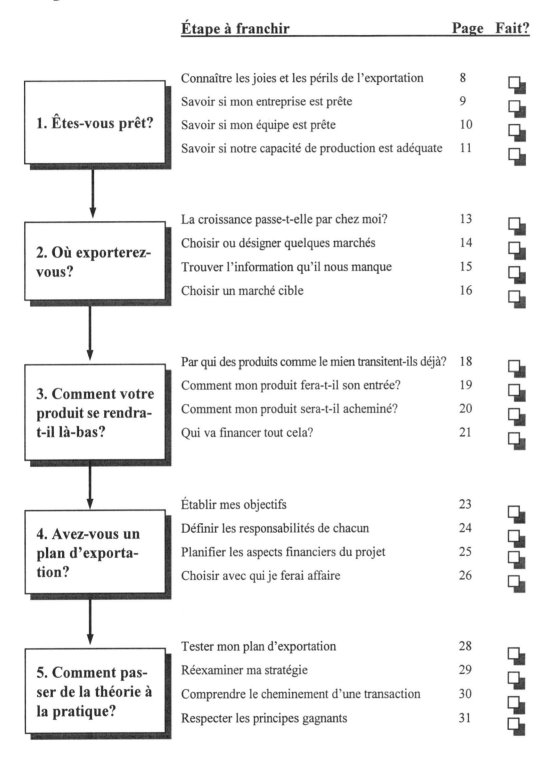

1. Êtes-vous prêt?

2. Où exporterez-vous?

3. Comment votre produit se rendra-t-il là-bas?

4. Avez-vous un plan d'exportation?

5. Comment passer de la théorie à la pratique?

Voici le processus d'exportation, tel que nous vous le présenterons tout au long de ce guide de gestion.

Si vous souhaitez effectuer une lecture rapide, suivez ce fil conducteur et cochez les cases à mesure que vous progressez.

Mise en situation

Vous allez maintenant faire la connaissance de Benoît Dorais, un jeune concepteur de logiciels qui vit des moments difficiles.

Un concurrent vient de lancer un produit plus performant que le sien et Benoît cherche un moyen de réagir à cette offensive.

Suivons Benoît et demandons-nous, à la lecture de cette mise en situation, si la solution qu'il s'apprête à retenir est la plus justifiée dans sa situation.

Benoît Dorais avait chaud. En fait, il ne se rappelait pas avoir eu aussi chaud de toute sa vie. Il s'essuya le front une autre fois et posa à Camille la question qui lui brûlait les lèvres : «Et combien les marchands ou le distributeur en ont-ils retourné aujourd'hui?»

Camille se racla la gorge, fit mine de consulter un mince rapport informatisé qu'elle connaissait pourtant par cœur et répondit d'une voix faible : «Soixante-quinze. Ça ne semble pas beaucoup, mais il faut tenir compte du fait que les ventes sont au point mort et que certains marchands gardent notre logiciel en consignation. Ce n'est donc qu'à la fin de la période de consignation qu'ils vont retourner les invendus.

— Bref, la situation n'est pas reluisante. Que devrait-on faire selon toi?»

*

Jusqu'à tout récemment, l'optimisme était de rigueur dans l'entreprise de Benoît. Les ventes se maintenaient et son principal produit, un logiciel de conception graphique utilisé par le grand public, restait mois après mois en tête de peloton.

Mais il y a deux mois, Micro Imperial, un concurrent américain, a lancé un nouveau produit qui, très rapidement, a déclassé celui mis au point par Benoît. Depuis, les ventes diminuaient et les stocks retournés par les clients étaient devenus monnaie courante.

*

«C'est difficile à dire. Il y aurait la conception d'une nouvelle version qui intégrerait les fonctions du produit de Micro Imperial.

— Ce n'est pas réaliste. C'est trop long à faire et, de plus, nous pouvons difficilement jeter à la poubelle les stocks que nous détenons présentement.

— Nous n'aurions pas à nous débarrasser de tous les stocks. Sitôt la nouvelle version terminée, nous utilisons les mêmes boîtes et nous nous contentons d'ajouter un autocollant mentionnant qu'il s'agit d'une nouvelle version. Partant de là, avec un peu de publicité, nous devrions relancer notre produit.»

Benoît restait muet, mais un sourire venait de se dessiner sur son visage. Camille se demanda à quoi il venait de penser. «Et si nous exportions les invendus?

— Pardon?

— Oui! Depuis le temps qu'on en parle, nous pourrions nous lancer dans l'exportation.»

Camille ne répondait pas. L'enthousiasme de son patron la mettait mal à l'aise. Mais ce dernier continuait de plus belle : «Nous pourrions diriger nos invendus vers les autres pays francophones d'Europe et d'Afrique. Cela nous fournirait des liquidités et nous donnerait le temps de programmer une version locale qui écraserait le produit de Micro Imperial. Oui, c'est ça. Fais le nécessaire. Nous allons présenter notre politique aux employés cet après-midi.»

En soupirant, Camille se leva et se dirigea vers la porte. Elle allait l'ouvrir quand son patron émit une autre directive : «Il faudrait également que tu me trouves le nom d'une agence de publicité qui couvre les deux territoires. J'aimerais faire une première livraison d'ici deux semaines.»

*

Benoît était plutôt fier de son idée. Il est vrai que l'entreprise ne disposait pas de liquidités suffisantes pour s'engager dans la démarche proposée par Camille. Mais grâce à l'exportation, l'entreprise réussirait à générer suffisamment de liquidités pour permettre la mise au point d'un produit supérieur.

Il tendit la main vers le téléphone et signala le numéro d'un chroniqueur avec qui il avait depuis longtemps des atomes crochus. Il était temps de l'inviter à dîner et de vanter la sortie de la nouvelle version de son logiciel.

Quelques petites questions...

1. Résumez la mise en situation en quelques mots.

_____

_____

_____

2. Que pensez-vous de la proposition faite par Camille?

_____

_____

_____

3. Quelles faiblesses avez-vous relevées dans l'entreprise que dirige Benoît?

_____

_____

4. Benoît devrait-il mieux s'entourer? Camille vous semble-t-elle à la hauteur?

_____

_____

_____

5. Quelles faiblesses pouvez-vous attribuer au produit commercialisé par l'entreprise de Benoît? Quels indices vous ont permis de les noter?

_____

_____

_____

6. Que pensez-vous du projet d'exportation?

_____

_____

_____

7. Si Benoît vous avait demandé un conseil (et un seul) avant sa rencontre, lequel lui auriez-vous donné?

_____

_____

_____

8. Quels problèmes Benoît compte-t-il régler en exportant? Ses attentes vous semblent-elles raisonnables?

_____

_____

_____

9. Pourquoi avez-vous décidé d'exporter? Quels objectifs vous étiez-vous fixés en ouvrant ce guide de gestion?

_____

_____

_____

10. Votre situation vous fait-elle penser à celle de Benoît? Expliquez en quoi elle lui ressemble et en quoi elle est différente.

_____

_____

_____

Ce symbole indique qu'il est temps de travailler! Si vous êtes en groupe, accordez à chacun quelques minutes pour répondre aux questions et ouvrez ensuite une discussion.

Si vous êtes seul, pourquoi ne partageriez-vous pas cette activité avec vos proches?

Vous verrez, vous n'avez pas tous retenu les mêmes aspects de la mise en situation que vous venez de lire.

Une bonne discussion vous permettra de commencer à comprendre comment vous négociez.

Jeune entreprise et exportation

Vos concurrents directs exportent-ils déjà? Avec quel succès? Savez-vous vers quels marchés ils ont dirigé leurs efforts?

Des produits concurrents au vôtre proviennent-ils de l'étranger? De quelle région du globe? Qu'ont-ils de mieux que votre produit? Quelle est leur principale faiblesse?

Commencez dès maintenant à accumuler ce genre d'information. Une bonne veille concurrentielle est essentielle à la réussite de votre projet d'exportation.

Nous vous félicitons d'avoir choisi de consulter ce guide de gestion. Beaucoup de propriétaires de jeunes entreprises se refuseront à le faire. Ils ne se croient pas prêts. Ils se disent que, tôt ou tard, ils devront bien se pencher sur l'exportation, mais que ça se fera seulement quand ils feront face à des problèmes sur leur marché local. Pour eux, exportation rime avec surplus de production.

Mais, pendant ce temps, leurs concurrents ont déjà commencé à exporter et l'augmentation de leur volume de production leur permet de réduire leurs coûts de production, de devenir plus productifs et de gagner des parts de marché sur les marchés locaux et internationaux.

Devriez-vous exporter? Comment devriez-vous le faire? Quelle démarche suivre? C'est à ces questions que nous tenterons de répondre dans ce guide de gestion. Et pour mieux vous aider, nous l'avons divisé en cinq blocs :

- Dans le premier, on vous aidera à déterminer si vous êtes prêt personnellement ou si votre entreprise est prête pour l'exportation. Mieux vaut le savoir tout de suite, avant d'investir de précieuses ressources dans un projet qui pourrait s'avérer sans avenir.

- Dans le deuxième bloc, on vous offrira une démarche de sélection du marché à développer. Votre entreprise est jeune et vous ne devez pas éparpiller votre énergie. Il vaut mieux concentrer vos efforts sur le marché le plus prometteur, quitte à ouvrir plus tard d'autres marchés.

- Il ne suffit pas de sélectionner un marché. Encore faut-il que votre produit s'y rende sans difficulté. Ce sera l'objectif du troisième bloc.

- Un bon plan à l'exportation est essentiel si vous souhaitez établir des prévisions réalistes, responsabiliser vos collaborateurs et obtenir le financement nécessaire. Dans le quatrième bloc, on traitera de cet important document.

- Dans le dernier bloc, on vous offrira quelques conseils qui vous permettront de passer de la théorie à la pratique et de valider le plan d'exportation que vous aurez à ce moment terminé. Nous vous présenterons aussi les dix commandements de l'exportateur.

Tout un programme en perspective. Mais ce n'est pas tout! Vous trouverez intercalées, entre chacun de ces blocs, des propositions d'activités qui vous permettront de tisser des liens entre les concepts présentés et ce que vous vivez, chaque jour, dans votre entreprise.

N'hésitez pas à vous adonner à ces activités. C'est en intégrant la théorie à la pratique quotidienne qu'on arrive à en profiter au maximum. Tant que les concepts demeurent sur le papier, il ne servent à rien. Mais dès qu'un entrepreneur décide de les mettre en application, de grands changements peuvent survenir dans le paysage économique.

Bonne chance et bon travail dans la découverte de ce qui pourrait très bien conduire votre entreprise sur le chemin de la croissance et du succès. À la fin de votre lecture, l'exportation vous paraîtra plus réalisable.

Pourquoi exporter?

Les avantages

Les bonnes raisons ne manquent pas pour se lancer dans l'exportation. Mais si vous hésitez encore, ou si votre projet n'est pas clair dans votre esprit, voici quelques-uns des avantages que vous pouvez retirer d'un tel projet.

- **Faire du profit.** Ne nous le cachons pas : pour certains produits ou services, les seuls marchés du Québec ou du Canada ne peuvent suffire à rentabiliser une entreprise. La survie de celle-ci passe alors par l'expansion dans d'autres marchés.

- **Faire grimper les ventes.** Des ventes générées à l'extérieur, si le marché local vous permet déjà de combler vos frais fixes, représenteront une importante augmentation de vos profits.

- **Augmenter le rendement de la chaîne de production.** Les marchés locaux ne vous permettent peut-être pas d'utiliser votre capacité de production à 100 %. L'exportation peut vous aider à le faire.

- **Apprendre.** Une plus grande ouverture sur le monde peut vous faire prendre conscience de nouveaux besoins ou de nouvelles applications pour votre produit ou votre service.

- **Payer moins cher.** En augmentant votre volume de ventes, vous augmentez votre pouvoir de négociation avec vos fournisseurs et vous courez la chance de payer moins cher vos matières premières.

- **Diminuer les risques d'affaires.** Si vous avez peu de clients dans votre marché local, vous pouvez réduire votre dépendance envers eux en allant dénicher de nouveaux comptes ailleurs.

- **Prolonger la vie de votre produit.** Le produit que vous offrez est peut-être à maturité ici, mais qu'en est-il ailleurs? De nouveaux marchés pourraient vous aider à redonner une seconde vie à un produit vieillissant.

- **Rester concurrentiel.** Si vos concurrents exportent déjà, leurs coûts unitaires sont probablement à la baisse et ils seront en mesure de vous ravir des parts de marché sur le marché local si vous ne vous lancez pas vous aussi dans la démarche.

Mais attention!

L'exportation n'a pas que des avantages; elle cache aussi bien des écueils. Parmi ceux-ci :

- **Ne pas être assez payé.** En exportant, vous devez revoir votre structure de prix et tenir compte des taux de change, des tarifs douaniers, des coûts de mise en marché et de prospection, etc. Si vous ne tenez pas compte de tous ces coûts, vous risquez de vous rendre compte, une fois le conteneur arrivé à destination, que vous avez vendu à perte.

- **Être payé en retard.** La livraison de vos produits ne sera pas aussi rapide que si vous les expédiez à la ville voisine. En conséquence, vous devrez attendre plus longtemps pour être payé. Vos flux financiers seront-ils suffisants pour vous permettre d'être patient?

- **Ne pas être payé du tout.** Les clients, c'est connu, ne sont pas toujours solvables. Que ferez-vous pour recouvrer vos pertes si votre nouveau client ne vous paye pas? Votre entreprise pourra-t-elle faire face à la perte sans nuire à ses activité régulières?

- **Ne pas être attentif aux particularités du marché.** Une erreur fréquente consiste à croire que, si notre produit est populaire chez nous, il sera immédiatement adopté ailleurs. Mais pour que cela arrive, il faudra peut-être modifier l'emballage ou changer les spécifications de production. Par exemple, la marque de commerce qui a fait votre succès peut très bien être jugée offensante dans d'autres marchés. Il importe de garder les oreilles et les yeux bien ouverts quand on s'aventure dans d'autres marchés.

- **Mésestimer le temps nécessaire à cette activité.** Exporter prend du temps. Cela exige un investissement initial important en matière de déplacements, de coûts d'adaptation et de développement du marché. Croire que tout ceci peut se faire rapidement est une grave erreur.

À retenir...

Le Mouvement québécois de la qualité (1997) nous apprend que les trois premiers facteurs de succès à l'exportation sont :

- *un produit distinctif;*

- *un bon rapport qualité-prix;*

- *un produit de qualité.*

L'Institut de recherche sur les PME (1998) nous présente quant à elle, dans l'ordre, les cinq principales motivations à exporter :

- *une volonté de croissance;*

- *un intérêt stratégique;*

- *la saturation du marché;*

- *le fort potentiel du produit;*

- *la capacité excédentaire.*

Votre entreprise est-elle prête?

L'heure du diagnostic
Voici une série d'énoncés. Vous devriez être en mesure de répondre par l'affirmative à la majorité d'entre eux avant de vous lancer dans l'exportation.

1. Nous disposons d'un plan d'affaires et d'un plan de marketing. Si vous n'avez pas encore pris l'habitude de planifier, l'exportation vous réservera de nombreuses surprises.

2. La mission de notre entreprise est bien définie. Si vous ne pouvez vous positionner clairement dans l'esprit de vos clients potentiels, ils ne ressentiront aucune envie d'acheter votre produit.

3. Nous avons un bon fonds de roulement. Un projet d'exportation le fera tout d'abord diminuer. Si votre fonds de roulement n'est pas solide, vos activités locales en souffriront.

4. Nous sommes conscients des différences qui existent entre les marchés. À moins de disposer d'un produit universel, si vous n'êtes pas prêt à adapter votre produit aux besoins d'une clientèle étrangère, l'exportation n'est pas pour vous.

5. Nous disposons, sur le plan national, d'un bon réseau de distribution. Si votre entreprise survit actuellement avec quelques clients seulement, tentez de vous imposer tout d'abord localement. La structure que vous devrez alors donner à votre entreprise vous servira beaucoup par la suite. Si votre entreprise n'est pas rodée pour profiter des marchés locaux, l'exportation s'avérera un réel cauchemar.

6. Notre système comptable est fiable et notre plan comptable est bien structuré. Si vos systèmes ne vous permettent pas de mettre au point des indicateurs de performance, vous vous rendrez peut-être compte trop tard que les profits attendus se sont transformés en pertes.

7. Nous avons facilement accès à du financement. Une grosse commande peut devenir un embarras si vous n'avez pas accès à un financement adéquat.

8. Nous ne sommes pas pressés. Si, comme dans notre mise en situation, les profits immédiats étaient votre priorité, l'aventure de l'exportation vous paraîtrait très difficile.

Si vous pouvez répondre par l'affirmative à chacun de ces énoncés, vos chances de succès augmentent, mais encore faut-il que votre produit soit également prêt à être exporté.

Les produits sont-ils prêts?
Certaines caractéristiques permettront d'augmenter les chances de succès de votre produit à l'étranger. Les énoncés suivants correspondent-ils à votre situation?

1. Nos fournisseurs sont très fiables. Une première expédition de mauvaise qualité peut suffire à vous éliminer d'un marché, aussi prometteur soit-il.

2. Nos secrets de production sont protégés. Votre produit pourrait-il être copié par un fabricant étranger? Votre marque de commerce est-elle protégée dans le marché que vous comptez développer?

3. Notre produit offre d'importants avantages concurrentiels. Si tel n'est pas le cas, pourquoi deviendrait-on client chez vous? Assurez-vous que votre offre présente de réels avantages et bénéfices pour les clients que vous entendez conquérir.

4. Les coûts de transport constituent une faible part de notre prix de vente. Le contraire pourrait rendre inintéressante votre offre dans un marché éloigné.

5. Nous offrons à nos distributeurs des outils de vente qui les aideront à atteindre leurs objectifs financiers. Il ne suffit pas de vendre à un distributeur étranger; encore faut-il que ce distributeur soit en mesure de vendre à ses propres clients.

6. La technologie que nous utilisons est supérieure à celle des concurrents que nous entendons déloger. Ne vous lancez pas dans l'aventure si vous arrivez avec un produit plus cher, moins fiable et non adapté au marché visé.

Imaginez qu'une petite pièce, qui représente un coût de 0,50 $ dans un produit se vendant aux environs de 100 $, s'avère défectueuse et que le distributeur étranger avec qui vous faites affaire décide de vous retourner toute sa commande.

Ce sont des choses qui arrivent et qui devraient vous inciter à travailler avec des fournisseurs fiables et compétents.

Une différence de 0,05 $ sur un prix coûtant peut générer une perte énorme en fin de compte.

En exportation, qualité et succès vont de pair.

Ce n'est pas parce que vous avez répondu «non» aux questions figurant dans cette page que l'exportation n'est pas pour vous.

Mais si vous voulez mettre toutes les chances de votre côté, demandez-vous ce que vous pouvez faire, dans votre entreprise, pour rendre vos produits plus facilement exportables.

Il sera toujours temps de reprendre la démarche d'exportation par la suite.

Vos ressources humaines sont-elles prêtes?

Quel genre de gestionnaire êtes-vous? Certains ont de la facilité à déléguer tandis que d'autres ressentent un besoin compulsif de tout contrôler. Certains sont à l'aise à l'étranger alors que d'autres préfèrent une clientèle homogène, qui parle la même langue qu'eux.

Voici une autre série d'énoncés destinés à vous aider à déterminer si vous et vos employés êtes prêts à relever les défis de l'exportation.

Chaque réponse positive vous donne une longueur d'avance. Chaque réponse négative fait grandir encore plus l'incertitude.

1. Je parle la langue du marché que j'aimerais développer ou quelqu'un dans mon entourage immédiat est à l'aise avec celle-ci. Si tel n'est pas le cas et si vous vous fiez à des traducteurs locaux, la qualité de vos contacts avec des clients potentiels risque d'en souffrir et leur désir de faire affaire avec vous, aussi grand soit-il, risque également de diminuer.

2. Je me tiens au courant de l'actualité internationale et je sais ce qui se passe dans les marchés que je vise. Une bonne veille vous permettra de diminuer les risques d'affaires en prévoyant les événements susceptibles d'avoir un effet sur votre marché.

3. Je connais la culture du milieu d'affaires avec lequel j'aimerais établir des contacts ou l'un de mes collègues est familier avec elle. Si vous ignorez tout de la culture locale, vous risquez de tourner en rond sans jamais signer un seul bon de commande.

4. L'un de mes collaborateurs s'y connaît en exportation. Si tel n'est pas le cas, votre courbe d'apprentissage sera moins escarpée et vous devrez mettre plus de temps à comprendre les règles du commerce international.

5. Je suis prêt à assigner des ressources à l'exportation. L'exportation ne se fait pas à temps partiel, entre deux clients courants. Il faut qu'au moins une personne dans votre entreprise (il n'est pas nécessaire que ce soit vous) ou qu'une ressource externe en fasse sa préoccupation principale.

6. La personne qui pilotera mon projet d'exportation aura accès à toute l'information dont elle aura besoin. Il est essentiel de connaître, par exemple, qui sont les concurrents en place, comment vos prix se comparent à ceux des concurrents et qui sont les principaux acheteurs dans le marché convoité. Si vous n'accordez pas au responsable les budgets nécessaires à la collecte de ces informations, il ne pourra que faire son possible avec les maigres ressources qui sont mises à sa disposition.

7. Je connais un exportateur établi qui me guidera lorsque je ferai mes premiers pas dans ce marché. Votre entreprise est jeune et les erreurs pourraient être coûteuses. N'hésitez pas à demander à un exportateur de votre région de vous épauler pendant que vous lancez votre démarche. Il saura vous communiquer les petits trucs que vous devriez autrement apprendre par essai et erreur.

8. Je suis personnellement décidé à exporter. Un projet d'exportation exige beaucoup d'efforts avant de porter fruits. Si vous avez décidé d'exporter sur un coup de tête et que vous n'êtes pas vraiment prêt à investir les ressources nécessaires, il vaudrait mieux diriger vos efforts vers une meilleure exploitation de votre marché local.

9. Je suis prêt à m'engager sur le plan des ressources. Vous devez vous attendre à investir davantage que ce qui serait nécessaire à la conclusion de quelques ventes immédiates. Ce que vous devez viser, et le niveau des ressources à investir en dépend, c'est une place permanente dans ce marché.

Et votre capacité de production?

Il vous faudra également, avant de vous lancer dans l'exportation, effectuer une analyse en profondeur de votre capacité de production.

La première chose à évaluer sera son taux actuel d'utilisation. Si vous produisez présentement à 50 % de votre capacité maximale, vous savez que vous pouvez, sans trop de problème, doubler vos ventes.

Mais si vous vous rendez compte que vous travaillez actuellement à 95 % de votre capacité de production, vous devrez vous poser quelques questions :

- Pourrais-je augmenter le nombre de quarts de travail?

- Combien m'en coûterait-il en équipement pour augmenter ma capacité de production de 10, 30, 50 ou 100 %?

- Quel effet une augmentation des ventes aurait-elle sur la qualité de notre production?

Les réponses à ces questions seront précieuses quand viendra le temps, aux étapes ultérieures, de prévoir votre volume de ventes et ses conséquences sur vos flux financiers. Sachez cependant que chaque option suscite sa part de questions et d'hypothèses.

Augmenter le nombre de quarts de travail

Si vous choisissez cette option, vous devrez prévoir, en plus du salaire supplémentaire occasionné par l'augmentation des ventes, les frais de formation des nouveaux employés.

De plus, parce que vous ne pouvez travailler 24 heures par jour, il faudra prévoir l'encadrement des autres équipes de travail. Y a-t-il quelqu'un parmi vos employés actuels qui pourrait faire un bon contremaître? Comment l'évaluez-vous sur le plan technique et sur le plan de la qualité des contacts humains? Quelle formation lui manque-t-il pour en faire un motivateur qui pourra à la fois mobiliser son équipe et atteindre les objectifs de production et de qualité? C'est le genre de questions qu'il faut se poser dès maintenant, avant même d'avoir reçu ces précieuses commandes de l'étranger.

Ajouter de l'équipement

Si une augmentation du volume de ventes implique d'importants investissements en équipement, il est primordial d'évaluer votre point mort et de vous assurer que le coût de l'investissement supplémentaire ne viendra pas gruger le profit généré par les ventes supplémentaires.

Par la suite, vous devrez évaluer les coûts de formation du nouveau personnel. Il ne sert à rien d'ajouter du matériel qu'on abandonne entre les mains d'employés mal formés.

Préserver le niveau de qualité

Benoît Dorais, notre jeune entrepreneur, a tort. Les marchés étrangers ne sont pas faciles à berner. Un projet d'exportation destiné à écouler des produits désuets est voué à l'échec. L'information circule maintenant librement partout dans le monde. Si votre produit offre un rapport qualité/prix inférieur aux produits des concurrents, la démarche sera un fiasco.

Par ailleurs, l'augmentation des ventes fera en sorte que vous ne pourrez plus effectuer une supervision directe sur la qualité de la production. Vous devrez donc vous doter d'outils qui permettront d'évaluer, avant l'expédition, la qualité des produits. Nous vous suggérons, à ce sujet, de lire attentivement le guide de gestion intitulé «La gestion de la production». Il fait partie de la même collection de guides que celui-ci.

Tous les entrepreneurs rêvent de voir grimper leur chiffre d'affaires, mais ce rêve peut se transformer en cauchemar s'ils ne sont pas préparés à cette réalité.

En effet, une augmentation des ventes peut impliquer :

- *de nouveaux investissements en équipement;*

- *une diminution du fonds de roulement;*

- *l'embauche de nouvelles compétences;*

- *l'augmentation du budget du service après-vente.*

Bloc d'activités

Vous avez terminé le premier bloc thématique de ce guide. Vous devriez maintenant être en mesure de déterminer si vous avez ou non ce qu'il faut pour vous lancer dans l'exportation.

Pour vous aider à faire le point, nous vous proposons maintenant quelques questions qui vous permettront de tisser des liens entre ce que vous venez de lire et la réalité de votre entreprise.

1. À la lecture des quatre dernières pages, quelles forces particulières de votre entreprise vous permettent d'augmenter vos chances de succès dans les marchés étrangers?

_____

_____

_____

_____

_____

2. À la lecture des quatre dernières pages, quelles faiblesses de votre entreprise diminuent vos chances de succès sur les marchés étrangers?

_____

_____

_____

_____

_____

3. Ces faiblesses sont-elles insurmontables? Que pourriez-vous faire pour les contrer?

_____

_____

_____

_____

_____

4. Existe-t-il dans votre environnement un entrepreneur exportateur qui accepterait de vous conseiller dans vos premières démarches?

_____

_____

_____

5. Votre association sectorielle ou votre groupement d'achat ont-ils, à ce jour, publié des documents sur les activités d'exportation de vos concurrents?

_____

_____

_____

6. Quelle principale force de votre entreprise vous permettra de conquérir le ou les marchés que vous convoitez? Expliquez en quoi cette force vous donne un avantage concurrentiel.

_____

_____

_____

_____

_____

7. Quelle est la principale faiblesse qui pourrait nuire à votre démarche de conquête de nouveaux marchés? Expliquez quels dangers elle vous fait courir.

_____

_____

_____

_____

Vos marchés actuels

Votre marché actuel est-il bien desservi? Avez-vous, à ce jour, atteint votre part de marché maximale et avez-vous su tirer le meilleur de vos avantages concurrentiels?

On a beau être mûr pour l'exportation, la première démarche consiste à solidifier ses assises dans son marché local. Bien sûr, vous pouvez être tenté de penser que la conquête d'un nouveau marché sera plus facile en sol étranger parce que la concurrence est vive dans votre marché local, mais dites-vous bien que si elle est vive ici, elle le sera tout autant ailleurs!

Pour vous aider à faire cette réflexion, voici une démarche en cinq étapes.

1. Délimiter votre marché naturel

Commencez par résumer, en une courte phrase, ce qui constitue votre marché naturel, c'est-à-dire le bassin de clients que vous considérez normal de bien servir. Selon la nature du produit que vous vendez et vos habitudes de gestion, ce marché sera plus ou moins délimité. Voici quelques exemples :

- L'ensemble des bureaux d'architectes de Montréal
- Toutes les familles du Québec
- Tous les internautes francophones du monde
- Tous les acheteurs industriels du Canada
- Tous les détaillants de meubles de l'Est du Canada.

2. Évaluer vos parts de marché

Une fois votre marché naturel délimité, il faut évaluer quelles sont vos parts de marché actuelles. Par exemple, si votre marché naturel est défini comme étant l'ensemble des bureaux d'architectes de Montréal, et que vous n'en desservez que 3 sur 10, vous pouvez évaluer votre part de marché à 30 %. Votre association sectorielle ou votre groupement d'achat peut vous aider à évaluer votre part de marché.

3. Savoir pourquoi vos clients vous font confiance

Il vous faut par la suite savoir pourquoi ceux qui font actuellement affaire avec vous ont choisi de le faire. Quels avantages y trouvent-

ils? Est-ce à cause du prix, du service après-vente, du crédit que vous offrez, des délais de livraison ou du charisme de votre équipe de vente?

Il est important de le savoir parce que vous devrez bientôt vous demander si ces avantages peuvent s'appliquer à de nouveaux marchés et si les nouveaux clients que vous cherchez à convaincre y seront aussi sensibles.

4. Savoir pourquoi ceux qui achètent d'un concurrent le font

Vous devez également déterminer pourquoi certains n'achètent pas chez vous. Que leur offre-t-on ailleurs que vous n'offrez pas? Seriez-vous en mesure d'offrir vous aussi cet élément qui obtient la faveur de ces acheteurs?

5. Évaluer les possibilités de croissance de votre marché naturel

Armé de l'information accumulée pendant les quatre premières étapes, il vous reste à répondre aux trois questions suivantes :

- En modifiant mon offre commerciale, serait-il possible de faire grimper mes parts de marché dans mon marché naturel actuel?
- En élargissant la vision que j'ai de mon marché naturel, serait-il possible de faire grimper mon chiffre d'affaires et d'améliorer rapidement la solidité financière de mon entreprise (par exemple, dans le premier élément du point 1, le marché pourrait être redéfini comme étant l'ensemble des bureaux d'architectes du Québec)?
- Quel autre marché non exploité actuellement serait également sensible aux forces que j'ai relevées au point 3? Par exemple, un marché réunissant tous les détaillants de meubles de l'Est du Canada pourrait être redéfini comme regroupant tous les détaillants de meubles et les magasins à rayons de l'Est du Canada.

*

S'il existe encore des possibilités de croissance dans votre marché actuel, sachez qu'elles seront plus grandes dans celui-ci qu'en territoire étranger.

Vous avez terminé la première étape et vous savez que votre entreprise est peut-être prête pour l'exportation.

Mais il ne sert à rien d'éparpiller vos efforts et de développer 15 marchés à la fois.

Il vous faut choisir où vous dirigerez vos efforts. Ce sera le but de cette deuxième étape.

Mais avant, commencez par vous demander si l'expansion ne passe pas simplement par votre marché actuel.

Quel marché développerez-vous?

Vous ne savez pas où exporter? Vous ignorez quel marché vous devriez développer en premier?

Pourquoi ne pas commencer par désigner les pays qui importent déjà des biens canadiens semblables à ceux que vous offrez? Après tout, s'ils les importent, c'est qu'ils en ont besoin!

Si vous avez accès à Internet, rendez-vous à la page 33 et faites la simulation que nous vous y proposons. Par la suite, utilisez la même démarche pour trouver les principaux pays importateurs de biens semblables aux vôtres.

Supposons maintenant que votre entreprise est prête pour l'exportation et que vous vous êtes assuré de renforcer votre position dans votre marché naturel avant de songer à l'exportation.

Que faut-il faire maintenant? Choisir un pays au hasard et y jeter son dévolu? Évaluer le potentiel de l'ensemble des marchés de la planète? Il doit bien exister une démarche plus simple...

Eh bien oui! Il ne faut pas s'arrêter à la première idée venue. Vous devez plutôt dresser un inventaire de trois ou quatre marchés que vous pourriez développer. Plusieurs méthodes vous aideront à le faire. Nous vous en proposons quatre.

1. La liste des partenaires économiques

Vous pouvez dresser une liste des principaux pays partenaires et analyser la nature de nos échanges avec eux. Si le pays en question est déjà importateur de biens ou de services que vos concurrents exportent, c'est que le marché existe.

Par contre, si le pays est exportateur d'un produit ou d'un service semblable au vôtre et que ces produits vous font la vie dure dans votre marché naturel, les chances de succès sur son territoire seront moins élevées.

De plus, si ces pays font déjà affaire avec des exportateurs d'ici, les structures existantes (mission commerciale, chambres de commerce bilatérales, existence de transitaires expérimentés) faciliteront vos démarches. Voyez, ci-contre, une liste des principaux marchés d'exportation canadiens en 1997.

2. Le sondage avec les distributeurs

Si vous faites déjà affaire avec un distributeur dans votre marché naturel et que vous êtes satisfait de ses services, vous pouvez lui demander s'il développe également d'autres marchés. Si tel est le cas, il est probable qu'il saura vous proposer des marchés où votre produit sera en demande.

Si ce n'est pas le cas, il est probable qu'il connaisse déjà d'autres distributeurs spécialisés dans des produits semblables au vôtre et qu'il pourra vous mettre en contact avec eux.

3. L'analyse des demandes de renseignements

Si vous possédez déjà, par exemple, un site Web multilingue et que des demandes de renseignements vous proviennent régulièrement des quatre coins du monde, faites-en une analyse et déterminez de quels marchés proviennent les demandes les plus nombreuses. Vous devriez alors être en mesure de trouver les deux ou trois marchés les plus prometteurs pour votre produit ou votre service.

4. La veille concurrentielle

Vous devez également analyser où vos concurrents exportent leurs produits. S'ils le font avec succès, et que votre produit possède déjà des avantages concurrentiels, vous devriez être en mesure de vous tailler une place dans ces marchés.

*

Vous devriez, au sortir de cette étape, avoir élaboré une liste de deux ou trois marchés intéressants.

Marchés	% des exportations totales (1997)
États-Unis	82,0
Royaume-Uni	2,0
Allemagne	1,7
France	1,4
Japon	1,4
Pays-Bas	1,1
Corée du Sud	0,8
Brésil	0,6
Italie	0,5
Rép. pop. de Chine	0,5
Source: Bureau de la statistique du Québec	

La collecte d'information

Ne sous-estimez pas cette étape!

Selon les experts, une mauvaise recherche de marché est l'une des erreurs que les nouveaux exportateurs commettent le plus souvent.

Ayant tourné les coins ronds pendant cette étape, ces exportateurs se lancent à l'assaut d'un marché dont ils ignorent les besoins, la structure et les mœurs commerciales.

Pas étonnant qu'autant de démarches d'exportation aboutissent à l'échec!

Vous allez maintenant, pour chacun des marchés retenus, remplir une fiche signalétique qui comprend une foule de renseignements. Si nous parlons de marchés et non de pays, c'est que vous pouvez très bien avoir retenu une portion seulement d'un pays plutôt que le pays en entier, par exemple, la Nouvelle-Angleterre plutôt que les États-Unis.

En effectuant ce travail, vous développerez une vision globale du marché que vous entendez servir et vous prendrez conscience de ce qui manque à votre offre pour qu'elle soit concurrentielle dans chaque marché retenu.

Selon le secteur où vous évoluez, les critères présentés dans la fiche signalétique varieront en importance. Vous devrez peut-être en éliminer certains et en ajouter d'autres. Mais il vous revient de faire ce travail consciencieusement parce que votre succès en dépend.

Ne tournez pas les coins ronds
Votre entreprise est jeune et ses ressources financières, limitées. Bien entendu, vous avez hâte de recevoir cette première commande qui fera de vous un exportateur.

Sachez toutefois que le temps consacré à la planification et à la collecte d'information constitue un bon investissement. Vous devrez certes y investir des ressources et du temps, mais cela n'est rien en comparaison des coûteuses erreurs que pourrait vous attirer l'ignorance des différents éléments de la fiche signalétique.

N'hésitez pas à consulter la liste des bonnes adresses présentées à la page 37 et les nombreuses banques de données informatisées qui sont mises à votre disposition. Une bonne partie des renseignements dont vous aurez besoin y est offerte gratuitement.

Fiche signalétique du marché
Les principales sources d'information et d'aide
Les données socio-économiques de base
Les droits de douane
Les accords en vigueur avec ce marché
Les barrières non tarifaires (quotas, etc.)
Les documents nécessaires à l'exportation
La « culture d'affaires » des acheteurs
L'accueil réservé aux produits québécois
Les importations totales d'un produit comme le vôtre
L'évolution de la demande et des besoins
Les acheteurs potentiels
L'évolution des achats au cours des dernières années
L'évolution du cours de la monnaie
Les produits et les prix de vos concurrents étrangers
Les produits substituts et leur prix de détail
La part de marché de vos principaux concurrents
Les forces et faiblesses de vos concurrents étrangers
Les stratégies de vente de vos concurrents étrangers
Les lois régissant les activités commerciales
Les coûts et les modes de transport dans ce marché
L'existence d'entrepôts publics ou privés
La documentation accompagnant les envois
Les coordonnées d'agents manufacturiers ou de distributeurs
La terminologie de l'exportation
Le rôle des différents intermédiaires
Les différents programmes d'aide et de formation à l'exportation
Les normes locales en matière d'emballage, d'étiquetage, d'expédition et de douane
Source : Ministère de l'Industrie, du Commerce, de la Science et de la Technologie

Choisir son marché cible

Vous avez d'abord retenu quelques marchés et vous avez ensuite rempli une fiche signalétique pour chacun de ceux-ci. Il vous reste maintenant à choisir lequel d'entre eux constituera votre premier marché d'exportation.

Vous le ferez en procédant à une évaluation comparative de l'intérêt commercial de chaque marché. Commencez par indiquer, à la première ligne du tableau ci-dessous, le nom des marchés que vous avez étudiés.

Par la suite, devant chacun des énoncés de la colonne de gauche, attribuez une note de 1 à 10 à chaque marché, 1 représentant la note la moins élevée (l'énoncé ne correspond pas du tout au résultat de vos recherches) et 10 étant la note la plus élevée (l'énoncé correspond parfaitement aux résultats de votre collecte d'information).

Si vous n'êtes pas en mesure de répondre

Il se peut que vous ne soyez pas en mesure de répondre à chacune de ces questions. Dans ce cas, c'est qu'il vous manque de l'information et que vous n'êtes pas prêt à prendre une décision.

Commandez une étude de marché ou consultez un conseiller en développement international et demandez-lui son avis. Vous êtes peut-être, à cette étape de votre démarche, admissible à un programme qui défraiera une partie des coûts d'une étude de marché. Renseignez-vous!

Si vous pouvez répondre à toutes les questions, il vous restera à additionner les scores de chaque marché pour obtenir une note sur 90. Le marché ayant obtenu la meilleure note devrait normalement constituer votre premier choix.

À ce moment, vous pouvez passer à la troisième étape de la démarche.

Qu'est-ce qu'un marché cible?

Ce n'est pas nécessairement le nom d'un pays que vous inscrirez à la première ligne du tableau de cette page.

Un marché cible ne correspond pas nécessairement à un pays donné.

Ainsi, plutôt que d'inscrire «États-Unis» dans son tableau, le dirigeant d'une entreprise pourrait indiquer «Midwest américain» ou encore «New York».

Assurez-vous finalement que les statistiques que vous utilisez correspondent bien au marché cible visé, et non à une entité géographique plus grande ou plus petite.

Énoncé	Marché 1	Marché 2	Marché 3
Nom du marché évalué :			
1. J'ai trouvé dans ce marché un segment (un groupe de clients) intéressé à mon produit ou à mon service.			
2. Dans ce marché, mon produit répond aux besoins des acheteurs, qu'ils soient consommateurs ou industriels.			
3. Les réactions des clients que j'ai à ce jour approchés semblent positives.			
4. Je sais quelles modifications devront être apportées à mon produit pour répondre aux exigences locales.			
5. Je sais maintenant que le prix de vente dans ce marché me permettra de réaliser un profit.			
6. Ma capacité de production me permettra de répondre à plus d'une commande.			
7. Je sais quel service après-vente je devrai fournir et j'ai considéré cette donnée au moment d'établir mes prix.			
8. Les intermédiaires avec qui je ferai affaire jouissent d'une bonne réputation dans ce marché.			
9. Ce marché a un potentiel suffisant pour qu'il vaille la peine d'investir dans son développement.			
Note totale pour chaque marché :			

Vous venez de ter-miner la deuxième étape de la démar-che et vous vous ap-prêtez à déterminer comment votre pro-duit se retrouvera dans le marché que vous avez choisi.

Mais si vous êtes comme la plupart des lecteurs, vous avez lu les dernières pages sans vraiment faire les recherches ou les activités qui y sont présentées.

Nous vous encoura-geons alors à répon-dre aux questions de cette page avant de poursuivre votre lecture.

Bloc d'activités

1. Pourquoi, si tel est le cas, n'avez-vous pas fait tous les exercices suggérés jusqu'ici? Don-nez toutes les raisons qui vous viennent à l'esprit.

_____

_____

_____

_____

2. Si votre projet d'exportation vous tient en-core à cœur, pensez-vous que vous suivrez cette démarche avant d'aller plus avant? Pourquoi?

_____

_____

_____

_____

3. Vous aviez probablement déjà pensé à un marché potentiel avant d'ouvrir ce guide de gestion. La lecture des pages précédentes vous a-t-elle convaincu de considérer d'autres mar-chés avant de vous lancer?

_____

_____

_____

_____

_____

4. Avez-vous pensé, pendant votre lecture, aux sources d'information qui vous permettront de trouver le marché qui vous convient le mieux.

_____

_____

_____

5. Si la lecture de la page 13 vous a convaincu de développer davantage votre marché naturel avant de vous lancer dans l'exportation, com-ment vous y prendrez-vous?

_____

_____

_____

6. D'après vous, combien d'heures devrez-vous consacrer à la mise en œuvre de cette deuxième étape pour qu'elle soit faite convenablement?

_____

_____

_____

_____

7. Comment avez-vous réagi aux pages qui pré-cèdent? Votre désir d'exporter a-t-il grandi ou diminué?

_____

_____

_____

_____

La distribution

Vous savez désormais que votre entreprise est prête pour l'exportation et vous avez trouvé un marché représentant un bon potentiel de croissance.

Au cours de cette troisième étape, vous serez invité à prendre contact avec ceux qui devront bientôt faire parvenir votre produit dans le marché visé. Quel sera le mode d'entrée le plus adapté à vos besoins?

Comment les produits semblables aux vôtres se rendent-ils déjà chez les consommateurs étrangers? Quelle est la façon la moins coûteuse et la plus efficace de rendre votre produit accessible aux gens que vous souhaitez conquérir? Devriez-vous vendre à tous les consommateurs, à tous les détaillants locaux ou à quelques distributeurs qui se chargeront de diriger vos produits jusqu'aux utilisateurs finaux?

Pour vous assurer que votre produit atteindra efficacement le marché potentiel que vous souhaitez développer, vous devrez acquérir une solide connaissance des circuits de distribution dans ces marchés. Voici, pour vous aider, quelques questions auxquelles vous devrez trouver des réponses.

- Quels sont les réseaux existants (fabricants, grossistes, détaillants) qui distribuent dans ce marché des produits de la même famille que les vôtres?

- Quelles sont les parts de marché respectives des intervenants suivants :
  ⇒ Les fabricants?
  ⇒ Les agents manufacturiers?
  ⇒ Les distributeurs?
  ⇒ Les détaillants?

- Quelles sont les pratiques commerciales en vigueur quant aux éléments suivants :
  ⇒ Les escomptes sur achat?
  ⇒ Les marges bénéficiaires?
  ⇒ Les commissions versées aux intermédiaires?
- Quels sont les délais moyens de paiement?

- Quels sont, généralement, les modes de paiement?

- Quels sont les délais de livraison jugés habituels?

- Quelle participation les intermédiaires locaux exigent-ils de votre part en matière de formation ou de participation à la publicité locale?

- À quels standards de qualité les intermédiaires locaux s'attendent-ils?

- Quels intermédiaires contrôlent la vente de produits semblables au vôtre dans le marché local?

- À la lumière de toutes ces données, quel circuit de distribution vous semble le plus intéressant pour vous tailler une place dans ce marché?

Il n'existe pas de réponse toute faite à ces questions. Selon la nature de votre offre commerciale et la nature du marché visé, les réponses varieront.

Vos clients potentiels ont déjà des habitudes de consommation. Par exemple, certains acheteurs institutionnels préféreront ne pas s'occuper de dédouanement et de transport et achèteront chez des intermédiaires locaux qui sont prêts à s'occuper de la paperasse. Si vous les obligez à acheter directement de vous, ils vous ignoreront et feront appel à vos concurrents.

À l'opposé, si les clients ont l'habitude d'acheter directement du fabricant et que vous passez par trois intermédiaires, il est probable que votre produit sera trop cher au bout du compte pour vous aider à gagner les parts de marché dont vous rêvez.

Une bonne connaissance des habitudes d'achat et des circuits de distribution en place vous aidera à faire les bons choix.

Aux États-Unis, la meilleure solution relative à la distribution reste le recours à un agent manufacturier.

Mais ne faites pas aveuglément confiance au premier que vous rencontrerez!

Assurez-vous de faire un bon choix. Pour vous aider dans cette voie, vous pouvez vous inscrire à la session de formation «Comment tirer le maximum d'un agent manufacturier» qui est offerte par le MICST.

Par ailleurs, évitez le contrat standard. Donnez-vous la peine de faire rédiger votre contrat d'entente par un bon avocat.

Votre stratégie de distribution

Le choix du mode d'entrée dans le marché convoité doit être conforme à votre capacité de payer.

Tout d'abord, vous établirez un bureau de vente dans le territoire que vous souhaitez développer et vous vous chargerez de la mise en marché et du service après-vente.

À l'autre bout du spectre, vous ferez affaire avec un intermédiaire localisé au Canada qui dirigera les activités commerciales outre-frontières.

Assurez-vous d'être conscient des avantages et des inconvénients de chaque formule.

Dès que vous aurez acquis une bonne connaissance des différents circuits de distribution dans le marché que vous visez, vous devrez mettre au point votre stratégie de distribution.

Plusieurs choix s'offrent à vous : souhaitez-vous contrôler chaque aspect des activités commerciales à l'étranger ou préférez-vous vous concentrer dans votre marché naturel et mandater d'autres personnes pour s'occuper des activités d'exportation? Nous vous présentons maintenant quatre stratégies différentes de distribution qui faciliteront votre choix.

1. L'exportation indirecte
C'est la façon la plus simple d'exporter : vous mandatez une entreprise (maison de commerce, grossiste ou un autre fabricant) qui connaît les mécanismes liés à l'exportation et les clients potentiels à desservir, pour qu'elle prenne en charge le volet exportation de votre entreprise.

C'est cette entreprise qui développera le marché et conclura les ententes. Vous pourrez ainsi vous concentrer sur les activités de production et de service de votre marché naturel. Cette avenue est peu coûteuse mais vous devrez y abandonner une bonne partie du contrôle que vous aimez peut-être exercer sur votre clientèle.

2. L'exportation directe
Selon ce mode de fonctionnement, vous expédiez directement votre produit aux détaillants ou à l'acheteur étranger final. En supprimant l'intermédiaire, vous êtes en mesure de réaliser une meilleure marge bénéficiaire ou d'afficher de meilleurs prix. Vous devez cependant fournir plus d'efforts de prospection parce que vous êtes privé des connaissances et des contacts de l'intermédiaire. Cette stratégie de distribution est la plus utilisée aux États-Unis et elle vous assure un meilleur contrôle que l'exportation indirecte.

Vous pouvez aussi choisir de faire affaire avec un agent manufacturier étranger implanté dans le marché convoité, mais vous y perdrez encore une partie de votre contrôle. Nous y reviendrons à la page 22.

3. L'association ou le partenariat
Nous retrouvons dans ce mode de fonctionnement la coproduction, la franchise, la commercialisation en commun, la coparticipation et l'échange mutuel de compétences.

Par exemple, vous investissez dans une entreprise étrangère qui devra dorénavant intégrer votre produit à son catalogue ou vous concluez une entente avec une entreprise étrangère qui vendra votre produit dans son marché pendant que vous vendrez son produit dans votre marché local. On devine que le facteur clé de succès dans ce genre d'union reste la complémentarité des gammes de produits.

4. L'investissement direct
C'est une avenue déconseillée aux entreprises qui en sont à leurs premières armes en matière d'exportation. Il s'agit d'acheter une entreprise étrangère qui manufacturera votre produit sur place ou de créer une filiale. C'est évidemment le choix le plus coûteux et le plus risqué, mais il demeure la meilleure solution pour celui qui veut conquérir un marché protectionniste qui tient compte de la provenance des produits achetés.

Nous le déconseillons toutefois à une firme qui n'aurait pas, au préalable, acquis une certaine expertise dans le domaine de la vente directe.

Comment choisir?
La décision n'est pas facile à prendre. Au moment de passer aux actes, vous devriez absolument tenir compte des quatre facteurs suivants :

- la somme totale que vous êtes prêt à investir dans le projet;
- le degré de contrôle que vous souhaitez exercer sur la commercialisation;
- le sentiment qui anime les clients visés devant les produits «étrangers»;
- les coûts de transport; plus un produit coûte cher à expédier, plus il devient intéressant de le produire ou, au moins, de l'assembler sur place.

Le transport

Par «transport», nous entendons les opérations de manutention, de transport et de transfert des titres de propriété. Que votre marchandise se rende à destination en camion, en train, en bateau ou en avion, ce n'est probablement pas vous qui conduirez le véhicule. Pour que vos produits se rendent à bon port, vous devrez faire affaire avec au moins un des trois intervenants suivants :

- **Le transporteur.** C'est une entreprise qui, moyennant rémunération, peut livrer votre produit là où vous le souhaitez. Il existe quatre principaux types de transporteurs :

  ⇒ *Le transporteur routier.* Il a l'avantage de livrer la marchandise directement chez le client. C'est le mode de transport le plus utilisé pour la vente aux États-Unis.

  ⇒ *Le transporteur aérien.* C'est à la fois le moyen de transport le plus cher, le moins risqué et le plus rapide. Quand des délais très courts doivent être respectés, c'est le choix à faire.

  ⇒ *Le transporteur ferroviaire.* C'est un moyen de transport très utilisé jusqu'aux ports et vers de nombreuses villes américaines. N'hésitez pas, si votre expédition ne remplit pas un wagon complet, à vous adresser à une société de groupage.

  ⇒ *Le transporteur maritime.* Idéal pour le transport de produits encombrants et lourds, il est moins coûteux que l'avion, mais nécessite plus de planification et un meilleur contrôle de l'inventaire au lieu d'expédition.

- **L'agent de douane.** Il s'occupe du dédouanement des marchandises.

- **Le transitaire.** C'est un spécialiste qui vous libère d'un ensemble de tâches en vous offrant un ensemble complet de services :

  ⇒ Il prépare les marchandises.
  ⇒ Il marque les emballages en suivant les exigences des pays concernés.
  ⇒ Il trouve un transporteur approprié.

  ⇒ Il groupe des marchandises de fournisseurs différents en vue de diminuer les coûts de transport.
  ⇒ Il s'occupe du dédouanement.
  ⇒ Il s'occupe des polices d'assurances.
  ⇒ Il s'acquitte des formalités relatives au transport et à la douane.
  ⇒ Il prépare les documents bancaires et de règlements.
  ⇒ Il fait des réservations sur les bateaux.
  ⇒ Il fait traduire les documents.
  ⇒ Il fournit des soumissions tarifaires.

Une grille d'analyse

Pour vous aider à choisir le mode de transport le plus approprié, voici une grille que vous devez remplir pour évaluer chaque transporteur à l'étude.

Nom du transporteur	
Temps de trajet	
Coût de transport	
Coût d'assurances	
Taille minimale de l'expédition	
Coût supplémentaire d'emballage pour utiliser ce mode de transport	
Réputation du transporteur	
Livraison chez le client ou dans un entrepôt de transit?	
Risques de vol	
Risques de bris	
Coût total estimatif de l'expédition	

L'emballage

Assurez-vous de prévoir un emballage adapté au mode de transport utilisé. Ceux qui manipuleront vos produits ne s'y prennent pas toujours aussi doucement que le font vos employés. Il ne faudrait pas que votre précieuse cargaison vous revienne endommagée ou ne vous soit pas payée parce que le client l'a reçue en mauvais état.

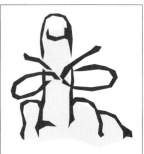

Trois conseils

Vous avez décidé de faire distribuer votre produit par un distributeur local ou un agent manufacturier? Voici trois conseils :

- *Avant de signer le contrat, faites-le vérifier par un avocat spécialisé. Ne signez pas une entente rédigée dans une langue que vous ne connaissez pas!*

- *Prévoyez la possibilité d'annuler le contrat si l'une ou l'autre des parties s'avère insatisfaite après une période de temps déterminée.*

- *Consultez quelques-uns des clients de cet agent pour connaître leur degré de satisfaction.*

Le financement

Les délais de paiement, la fluctuation des taux de change et la solvabilité de votre client sont autant de facteurs dont vous devrez tenir compte. C'est pourquoi il est essentiel, dès cette troisième étape, de monter un dossier de financement qui comprendra les cinq éléments suivants :

1. La fixation des prix d'exportation
Vous ne devez rien oublier quand vient le temps de fixer vos prix d'exportation. Il vaut mieux, à ce sujet, vous renseigner à fond sur les incoterms. Mais puisque la majorité des transactions en Amérique du Nord se font au prix FOB ou CIF, voici comment ceux-ci peuvent être calculés :

On calcule le prix net à l'exportation (PNE) en additionnant le prix de revient, la marge bénéficiaire, la commission de l'agent, les frais généraux, les frais de vente et les frais d'emballage et de marquage.

On calcule le prix FOB en ajoutant au PNE le transport à quai, les frais de chargement et les frais d'entreposage.

On calcule finalement le prix CIF en ajoutant au prix FOB les frais portuaires, le connaissement, le fret, l'assurance et les droits et taxes portuaires à l'arrivée.

2. Les modalités de paiement
Il est important que les modalités de paiement aient été clarifiées avant que le produit ne quitte vos entrepôts. Parmi les modalités de paiement les plus courantes, nous retrouvons :

- **Le paiement à l'avance.** Vous êtes payé avant l'expédition. Inutile de dire que c'est la modalité de paiement la moins appréciée des acheteurs.
- **La lettre de crédit documentaire.** Il s'agit d'un contrat par lequel la banque de l'importateur s'engage à payer le prix de l'expédition quand elle aura la preuve que la marchandise s'est bien rendue chez son client.
- **La traite documentaire.** C'est un document bancaire qui permet à l'exportateur de rester propriétaire de sa marchandise jusqu'à ce que l'importateur ait effectué son paiement.

- **Le compte courant.** Le client vous expédie son paiement selon les conditions négociées (30 jours après la réception, par exemple). C'est la modalité de paiement la plus répandue avec les exportateurs faisant affaire aux États-Unis.
- **La consignation.** Les marchandises vous seront payées lorsqu'elles seront vendues. C'est donc vous qui financez les stocks acquis par votre client.

3. Les garanties de paiement et l'assurance
Votre entreprise est jeune et elle ne serait peut-être pas en mesure de faire face à une perte si votre client étranger, pour une raison ou une autre, n'honorait pas ses obligations. C'est pourquoi vous devrez prendre une assurance à l'exportation.

Vous pouvez obtenir une telle assurance de plusieurs courtiers en assurances internationales mais, au Canada, c'est surtout la Société pour l'expansion des exportations (SEE) qui offre (depuis 1944) différents produits d'assurance, de garantie et de financement à l'intention des entreprises canadiennes exportatrices. Vous trouverez l'adresse Internet de la SEE dans la section « Les bonnes adresses » de la page 37.

4. Le crédit à l'exportation
La SEE peut également prêter de l'argent (jusqu'à 85 % du montant de l'achat) à votre client pour qu'il vous paie. Dans ce cas, le paiement vous est versé directement et vous n'aurez pas de problèmes si vous respectez les trois obligations suivantes :

- Une vérification de la solvabilité de l'acheteur étranger
- Un contrat de vente qui lie légalement les parties
- La livraison de produits qui respecte en tous points les conditions du contrat

Les aides financières
Un bon dossier de financement doit également tenir compte des nombreuses aides gouvernementales destinées à rendre votre offre plus concurrentielle. Les programmes gouvernementaux, par exemple, peuvent vous aider financièrement lors de l'élaboration d'un diagnostic d'entreprise, de la prospection de marché ou de la réalisation du projet.

Si vos clients étrangers vous paient en monnaie locale, une variation soudaine des taux de change pourrait très bien transformer une «vente payante» en «vente à perte».

Vous pouvez vous protéger et transférer ce risque à votre client en exigeant d'être payé en devises canadiennes.

Si vous choisissez de le faire de cette façon, assurez-vous que cela sera mentionné sur tous vos documents de cotation des prix.

Bloc d'activités

1. Voici une série de facteurs susceptibles de vous influencer au moment de la sélection d'un agent manufacturier ou d'un distributeur local. Pour chacun de ces facteurs, spécifiez vos attentes.

- L'intérêt pour votre produit

_____

_____

- Le territoire couvert

_____

_____

- La liste de leurs clients

_____

_____

- La qualité du service après-vente

_____

_____

- La réputation de l'entreprise

_____

_____

- La taille de l'équipe de vente

_____

_____

- Le nombre et la localisation des bureaux

_____

_____

- L'accès à un entrepôt

_____

_____

- Les ventes annuelles prévisibles pour votre produit

_____

_____

- Les modalités de paiement

_____

_____

- Les produits concurrents présentement offerts par l'agent ou le distributeur

_____

_____

2. Indiquez maintenant comment chacun des facteurs suivants influera sur votre décision dans le marché que vous avez retenu à la deuxième étape.

- La somme totale que vous êtes prêt à investir dans le projet

_____

_____

- Le degré de contrôle que vous souhaitez exercer sur la commercialisation

_____

_____

- Le sentiment qui anime les clients visés devant les produits «étrangers»

_____

_____

- Les coûts de transport; plus un produit coûte cher à expédier, plus il devient intéressant de le produire ou, au moins, de l'assembler sur place

_____

_____

Pour terminer ce troisième bloc, voici deux activités qui vous permettront d'éclairer votre choix d'un agent manufacturier ou d'un distributeur, si c'est l'une des deux avenues que vous choisissez.

Il existe aux États-Unis une association d'agents manufacturiers, la Manufacturer's Agents National Association, mieux connue sous le vocable MANA.

Selon la MANA, il faut prêter attention à la sélection d'un agent manufacturier autant qu'au choix de votre banquier.

Quels sont vos objectifs?

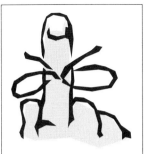

Dans la quatrième étape, vous planifierez et organiserez votre démarche d'exportation en élaborant un plan d'exportation.

Ce plan vous permettra de faire une dernière réflexion et une dernière évaluation des avantages que vous comptez tirer en vous lançant dans cette aventure.

Se fixer des objectifs est essentiel à une bonne gestion. Les objectifs nous aident à planifier l'ensemble des activités et ils nous permettent, à intervalles réguliers, de mesurer nos progrès. C'est pourquoi ils constituent le point de départ de votre plan d'exportation.

La définition des objectifs se fera en tenant compte à la fois de la situation de votre entreprise et des éléments d'information que vous avez amassés sur votre marché cible. Il y a quatre sortes d'objectifs.

1. L'objectif de volume
Il s'agit du nombre d'articles que vous comptez vendre dans le marché visé pendant la première, la deuxième et la troisième année. Cet objectif doit être réaliste et tenir compte de votre capacité de production.

Ainsi, si vous produisez actuellement 50 000 articles par an et que le taux d'utilisation de votre capacité de production est de 50 %, vous ne pourrez pas vendre plus de 50 000 unités sur les marchés étrangers sans devoir envisager un investissement dans votre capacité de production ou une diminution de la qualité de service dans votre marché local.

2. L'objectif de coût
L'objectif de coût est fonction des prévisions de ventes. Si vous vendez plus d'unités, votre pouvoir de négociation grandit et vous serez en mesure d'obtenir de meilleures conditions de vos fournisseurs. De plus, parce que vos frais fixes sont déjà payés par les unités vendues dans votre marché local, les unités supplémentaires devraient vous coûter moins cher à produire.

C'est l'effet de tous ces facteurs que vous devez anticiper en prévoyant à combien s'élèvera votre coût unitaire au cours des prochaines années.

3. L'objectif de part de marché
Au cours des dernières étapes, vous avez évalué l'ampleur du marché que vous entendez conquérir et vous pouvez désormais évaluer combien d'unités de produits concurrents sont achetés chaque année.

Vous pouvez donc évaluer si vos prévisions de ventes sont réalistes. Par exemple, si des concurrents sont déjà établis et que le marché total s'élève à 30 000 articles par année, il serait illusoire de croire que vous vendrez 32 000 unités la première année.

Si vos prévisions sont réalistes, vous pouvez évaluer votre part de marché en divisant le nombre d'unités que vous prévoyez vendre par le nombre total d'unités achetées annuellement dans le marché cible.

Puis, en tenant compte des investissements nécessaires en capacité de production, en commercialisation et en financement, vous pourrez ensuite déterminer combien vous coûtera chaque part de marché supplémentaire que vous récolterez par la suite.

4. L'objectif de positionnement
Que tenterez-vous de vendre pour séduire le marché visé? Allez-vous essayer d'imposer votre produit en vantant ses caractéristiques et les bénéfices qu'en retireront les clients ou mettrez-vous de l'avant le nom de votre entreprise dans l'espoir d'en faire grimper la notoriété et de faciliter la vente de nouveaux produits par la suite? Chaque formule a ses avantages.

À moins de pouvoir nommer une entreprise bien connue avec qui elle a conclu des ententes de partenariat, une jeune entreprise aura avantage à mettre l'accent sur son produit et sur les bénéfices que retireront les clients en l'utilisant.

Vous devez également planifier comment vous tenterez de vous positionner dans l'esprit des clients potentiels. Offrirez-vous le produit le plus fiable, le moins cher ou le plus performant? Pour en apprendre davantage sur cette facette du marketing, nous vous suggérons de consulter *Le marketing*, un autre guide de gestion de cette collection.

Qui fera quoi?

Un projet d'exportation voué au succès est généralement un projet d'équipe. Vous ne pouvez pas tout faire vous-même. Vos clients en souffriraient sûrement. Après tout, il n'y a que 24 heures dans une journée. Le plan d'exportation constitue le document idéal pour déterminer ceux à qui vous confierez les tâches et responsabilités qui caractérisent un tel projet. Voici quelques-uns des points sur lesquels vous devez vous pencher. Pour chacun d'eux, décidez si vous vous chargerez de la tâche ou si vous la confierez à une ressource interne ou externe.

Le produit
- Le type d'emballage
- La conception
- La marque déposée
- La conception de caractéristiques concurrentielles
- L'évaluation des tarifs douaniers
- L'étiquetage et son approbation
- Le service à la clientèle
- Les garanties

Le financement
- Le choix des modes de paiement
- L'ouverture d'un compte en devises étrangères
- La fixation du prix
- Le crédit à l'exportation
- Les assurances
- Le recouvrement des créances
- Les références bancaires
- La vérification de la solvabilité de l'acheteur

Le transport
- L'emballage
- Les documents nécessaires
- Le choix du transitaire
- Les relations avec le transitaire
- L'entreposage
- L'assurance
- L'expédition des marchandises
- Le dédouanement

La promotion et la vente
- Le catalogue de vente
- Le lancement sur le marché
- La liste de prix
- Les tests de marché
- Les échantillons
- Les foires commerciales
- La mission commerciale
- Le choix d'un représentant à l'étranger
- La publicité
- L'évaluation du potentiel du marché
- Les conditions de vente
- Le mode de livraison
- Les commandes minimales
- La politique de retour
- L'évaluation continue du degré de satisfaction de la clientèle

Le site Web
- La conception
- La traduction
- La gestion quotidienne
- La lecture des rapports d'activité
- L'indexation dans les engins de recherche

La participation à une foire
- La location de l'espace
- L'expédition du matériel
- La réservation de la chambre d'hôtel
- La location du matériel
- Les accréditations
- La documentation commerciale
- Les listes de prix dans la langue locale
- L'embauche d'un traducteur
- Les cadeaux promotionnels
- Le transport des employés
- Les pochettes de presse

Ne vous laissez pas effrayer par le nombre de tâches à confier. Prenez conscience de la nécessité de planifier votre entrée dans ce nouveau marché et de pouvoir compter sur des collaborateurs responsables qui auront à cœur le succès de votre projet.

Si votre projet d'exportation doit être financé, vous augmenterez votre crédibilité en misant sur les ressources externes (spécialiste, consultant, mentor) qui sont disposés à vous appuyer pour faire de votre projet un succès.

N'hésitez pas à faire appel à tous ceux qui, par le poste qu'ils occupent ou l'expérience pratique qu'ils ont accumulée, peuvent vous aider à réduire le risque que comporte votre projet.

La planification financière

Un projet d'exportation doit être évalué comme tout projet d'investissement, c'est-à-dire en tenant compte de sa rentabilité potentielle et de la capacité de payer de l'entreprise.

La planification financière repose sur les quatre objectifs que vous avez fixés à la page 23. En planifiant, vous répondez en quelque sorte à la question : «Ce projet en vaut-il la peine et de quoi aurons-nous besoin pour atteindre nos objectifs?»

Pour répondre à cette question, vous effectuerez une analyse de besoins, préparerez un budget et élaborerez un échéancier.

Les différentes démarches menant à l'exportation de vos produits entraîneront inévitablement des dépenses. Vous devez donc déterminer les coûts directs et indirects imputables à cette nouvelle activité, de même que le budget que vous prévoyez consacrer à votre projet d'exportation.

Outre les quatre objectifs dont nous avons traité à la page 23, vous devrez tenir compte des déplacements, de la participation à des foires commerciales à titre d'exposant, de la formation, de l'apprentissage d'une nouvelle langue et de l'embauche éventuelle d'un chargé de projets.

Pour être en mesure de bien évaluer ces coûts, vous devez entrer en contact avec des associations sectorielles spécialisées dans l'exportation et avec un délégué commercial.

L'établissement d'un échéancier permet une meilleure gestion du processus d'exportation. À l'aide d'un échéancier, l'entreprise pourra mieux se préparer en vue de la participation à une exposition commerciale ou évaluer à l'avance le temps requis pour la préparation de ses différents dossiers.

*

La planification financière se fera en trois étapes : l'analyse des besoins, la préparation des budgets et l'établissement d'un échéancier.

L'analyse des besoins doit tenir compte de l'ensemble des éléments qui permettront à votre projet de développement de nouveaux marchés de connaître du succès. Selon la nature de votre entreprise, les postes qui s'y retrouveront peuvent varier, mais vous devriez au minimum y retrouver les éléments suivants :

- Les déplacements nécessaires à la réalisation du projet
- La participation à des foires commerciales à titre d'exposant ou de visiteur
- La formation des ressources humaines
- L'apprentissage d'une nouvelle langue
- L'embauche éventuelle d'un chargé de projets

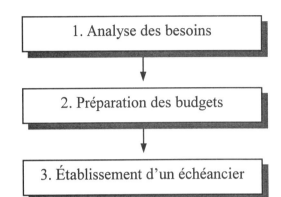

1. Analyse des besoins

2. Préparation des budgets

3. Établissement d'un échéancier

- La mise sur pied d'un système d'information vous permettant de suivre de près l'activité économique dans les marchés évalués
- Les coûts reliés à l'adaptation du produit aux exigences locales
- Les coûts reliés à l'obtention des permis locaux

Vient ensuite la préparation du budget
Il faut maintenant ventiler chacun des éléments relevés au moment de l'analyse des besoins et déterminer quelles sommes devront être réservées à chacun pour que l'opération soit un succès.

Avant de passer à l'étape suivante, il est important de valider vos hypothèses. En effet, les coûts que vous avez évalués sommairement en vous fiant aux tarifs courants au Québec sont peut-être tout à fait erronés dans le marché que vous entendez développer.

Une fois l'analyse des besoins effectuée et le budget préparé, il vous reste à **établir un échéancier**. C'est une étape importante parce qu'elle vous montrera que les décaissements viendront bien avant les encaissements et que la démarche de développement d'un marché étranger, loin de générer des liquidités au début, doit plutôt être financée par d'autres moyens.

Le choix des partenaires externes

Nous l'avons déjà mentionné : un projet d'exportation réussi est souvent le résultat d'un travail d'équipe. Il vous reste à déterminer qui seront vos partenaires externes. Vous devez choisir qui transportera vos produits dans le marché cible, qui adaptera vos outils commerciaux et qui sera chargé de représenter votre entreprise dans ce nouveau marché.

Le transport

Si vous entreprenez d'exporter aux États-Unis, les services d'un transporteur et d'un courtier en douanes vous suffiront, mais si vous visez des marchés qui requièrent le transport maritime ou aérien, nous vous suggérons de trouver un bon transitaire qui s'occupera à votre place des menus détails.

L'adaptation des outils commerciaux

Assurez-vous que vous confiez vos travaux de traduction à des personnes compétentes. Il faut plus qu'un dictionnaire pour traduire un dépliant ou une brochure publicitaire.

Des erreurs peuvent vous faire perdre toute crédibilité. Mentionnons, à titre d'exemple, cet hôtel montréalais qui se vantait jusqu'à tout récemment d'être un endroit idéal pour les ventilateurs de cafard. C'est le terme qui avait été trouvé pour traduire *blues fans*.

Vous ne souhaitez pas être étiqueté dans votre nouveau marché comme étant l'étranger qui n'a pas su s'adapter. Faites affaire avec des traducteurs d'expérience.

La représentation commerciale

Qui s'occupera des relations avec vos nouveaux clients étrangers? Si vous avez choisi l'exportation indirecte, vous devez trouver un intermédiaire qui connaît bien le marché visé, qui possède déjà ses entrées chez certains clients potentiels et qui est assez efficace pour que ses honoraires ne diminuent pas considérablement le potentiel concurrentiel de vos produits.

Si vous avez choisi l'exportation directe et que vous ne prévoyez pas affecter votre force de vente au développement du marché, vous devrez engager un intermédiaire solidement implanté dans le marché cible et le convaincre

que votre produit représente pour lui la possibilité de gains intéressants à long terme.

Comment trouver la perle rare? Vous pouvez obtenir des références de cinq sources :

- Les délégations du Québec à l'étranger

- Les ambassades ou les consulats du pays visé au Canada

- Les chambres de commerce étrangères au Canada

- Les associations industrielles ou les associations d'utilisateurs de vos produits

Vous pouvez également vous rendre vous-même à l'étranger mais ne le faites pas sans avoir consulté la page 28!

Ne sautez pas sur le premier agent venu. Assurez-vous de faire un bon choix. Pour plus d'information sur la sélection d'un agent manufacturier, consultez *La vente et sa gestion*, un autre guide de cette collection ou inscrivez-vous à la session *Comment tirer le maximum d'un agent manufacturier*, offerte par le ministère de l'Industrie, du Commerce, de la Science et de la Technologie du Québec.

Une relation à long terme

Pour améliorer votre pouvoir au moment des négociations, soyez bien clair sur le fait que c'est une relation d'affaires à long terme que vous envisagez et non pas l'attribution d'un simple contrat.

Faites sentir à votre interlocuteur que votre projet en est un d'envergure et que si vous obtenez le succès attendu, il en bénéficiera également. Il deviendra alors un partenaire privilégié.

Rappelez-vous, pendant que vous choisissez vos partenaires externes, que le prix le plus bas n'est pas toujours le meilleur choix.

Ce n'est pas d'un mercenaire dont vous avez besoin. Vous recherchez plutôt quelqu'un de fiable, qui aura à cœur la satisfaction de la clientèle.

Tenez donc compte, en plus des simples tarifs, de la réputation du partenaire, de sa connaissance du marché et de sa solvabilité.

Bloc d'activités

Vous êtes maintenant en mesure de rédiger votre plan d'exportation.

Pour vous aider, nous vous proposons maintenant d'en faire un résumé qui tiendra dans une seule page.

Répondez à ces questions et poursuivez ensuite votre travail en entreprenant, à la page suivante, la dernière étape de la démarche.

1. Quels sont vos objectifs en matière de volume, de coût et de part de marché? Expliquez en quoi ces objectifs sont réalistes.

_____

_____

_____

_____

2. Décrivez brièvement le marché que vous entendez développer et dressez un portrait de votre clientèle cible.

_____

_____

_____

_____

3. Comment entendez-vous vous positionner dans ce marché? Accorderez-vous la priorité au produit ou à l'entreprise? Expliquez pourquoi.

_____

_____

_____

4. Comment effectuerez-vous votre entrée dans le marché? Expliquez pourquoi vous avez choisi ce mode de fonctionnement plutôt qu'un autre.

_____

_____

_____

_____

5. Qui prévoyez-vous nommer comme responsable de chacun des dossiers?

_____

_____

_____

_____

6. Résumez brièvement à combien s'élèvera le budget de l'opération et quelle en sera l'échéance.

_____

_____

_____

_____

7. Quelles activités de formation devrez-vous offrir à vos employés pour que votre entreprise relève adéquatement le défi précisé par vos réponses aux six questions précédentes?

_____

_____

_____

_____

La mission commerciale

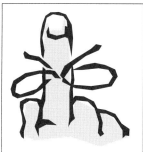

Il y a d'autres outils

La mission commerciale n'est pas le seul outil pouvant vous aider à valider ou améliorer votre plan d'exportation.

Parmi les autres outils qui vous aideront à rendre votre offre commerciale plus alléchante, mentionnons :

- *la publicité dans les revues spécialisées;*

- *le marketing direct;*

- *une inscription dans un répertoire sectoriel;*

- *un espace dans une exposition permanente.*

Votre plan d'exportation est fin prêt, mais qui vous dit que les hypothèses sur lesquelles il repose sont fondées? Ne vaudrait-il pas mieux le valider avant d'investir des ressources financières et humaines dans le projet? Il existe plusieurs façons de vérifier la validité d'un plan d'exportation.

Pour améliorer votre plan, il vous faut rencontrer des clients potentiels et utiliser leurs commentaires en vue de raffiner votre offre commerciale.

La mission commerciale

La mission commerciale constitue l'outil idéal pour vérifier vos hypothèses, tester votre plan d'exportation et raffiner votre offre commerciale. Par « offre commerciale », nous entendons ici une visite sur place. Celle-ci peut prendre plusieurs formes :

- La mission commerciale gouvernementale
- La mission individuelle
- La participation à une foire ou à une exposition commerciale

Quelle que soit la forme choisie, votre objectif, au-delà des ventes conclues, doit être de recueillir des commentaires sur les produits que vous présentez.

Vous devez acquérir une solide compréhension de ce qui séduit vos clients potentiels et de ce qui les laisse froids. Prenez en note les modifications possibles (format, emballage, étiquette, composition, prix) qui pourraient augmenter l'attrait de votre produit.

Vous pouvez très bien faire un sondage pendant l'exposition ou demander à ceux que vous rencontrez quelles caractéristiques comporterait le produit idéal pour eux. Ce qui importe, c'est de vous assurer que votre plan d'exportation est sérieux et que vous n'allez pas investir dans un projet pour vous rendre compte, par la suite, que votre produit est trop large, arbore une couleur trop vive ou fonctionne avec un voltage qui n'est pas utilisé dans le marché cible.

Retenez également que certains programmes gouvernementaux défraient, selon certaines conditions, une partie des sommes engagées en vue de participer à une mission commerciale privée ou gouvernementale. Un coup de fil au ministère des Affaires internationales vous permettra d'obtenir tous les renseignements à ce sujet.

La participation à une mission commerciale ne doit pas se faire à la dernière minute. À ce sujet, nous vous présentons, à la page 34, une liste de contrôle qui vous aidera à planifier un tel événement.

Votre offre commerciale

Une fois vos hypothèses vérifiées, vous serez en mesure de définir l'offre commerciale ferme à présenter à vos partenaires commerciaux potentiels. Cette offre devrait contenir les éléments suivants :

- La désignation du produit (définition et composition, caractéristiques de fonctionnement, garanties, service après-vente, etc.)
- La quantité (il peut arriver que vous offriez un prix qui varie en fonction des quantités achetées)
- Le prix (prix unitaire, prix total, devise de règlement)
- Les conditions d'expédition
- Les modalités de paiement (acompte, versement au moment de la livraison, crédit)
- Le délai de livraison
- La durée de validité de l'offre (point de départ et durée)
- Les clauses particulières (règlement des litiges, tribunal compétent, clause d'arbitrage, etc.)

Le réexamen de la stratégie

Au retour de votre mission commerciale, vous devez réévaluer votre plan d'exportation en vous posant les questions suivantes :

À propos du produit

- Tout bien considéré, faut-il modifier le produit? De quelle manière?
- Doit-on intensifier la formation pour l'utilisation du produit?
- Faut-il améliorer le service après-vente?

À propos du prix

- Le prix est-il concurrentiel?
- L'entreprise peut-elle réduire sa marge bénéficiaire pour être plus concurrentielle et rendre le produit plus intéressant?
- Peut-on augmenter le prix et réaliser de plus grands bénéfices?

À propos du marché cible

- Quelles sont les hypothèses formulées sur le marché qui n'étaient pas fondées? Quelles sont les conséquences?
- Quelles surprises le marché cible vous réservait-il?
- Selon les études menées au Canada, existe-t-il d'autres marchés plus intéressants?
- Forte de ses premiers succès, l'entreprise doit-elle envisager une expansion dans le pays visé ou dans d'autres pays?

Sur le plan technique

- L'entreprise connaît-elle suffisamment les techniques d'exportation?
- Domine-t-elle la situation dans les marchés étrangers?

À propos des intermédiaires

- Dans le cas d'une vente par un intermédiaire, le rendement de l'agent ou du représentant est-il acceptable?

- Si l'entreprise a retenu les services d'un distributeur, ce dernier a-t-il passé le nombre prévu de commandes? Le cas échéant, quelles raisons a-t-il fournies pour justifier la baisse des ventes ou quelles recommandations a-t-il faites sur les produits, les services ou les prix?
- Lorsque la vente du produit à l'étranger a été confiée à une maison de commerce, le résultat a-t-il été positif? Si le rendement a été faible, faut-il envisager d'autres moyens de distribution?
- Si l'entreprise s'est associée à des partenaires étrangers, les relations d'affaires ont-elles été stables et mutuellement satisfaisantes?

À propos du financement

- Quelles méthodes l'entreprise a-t-elle utilisées pour se faire payer par ses clients étrangers?
- Ces méthodes donnent-elles de bons résultats?
- Quel a été le délai de paiement?
- Celui-ci a-t-il eu des conséquences néfastes sur le fonds de roulement de l'entreprise?
- L'entreprise a-t-elle connu des problèmes de crédit ou de recouvrement?
- Y a-t-il eu des mauvaises créances? Les services bancaires sont-ils satisfaisants?

À propos de la publicité

- Existe-t-il des moyens plus rentables de faire connaître le produit?
- Le matériel publicitaire (brochure, publipostage, échantillons) doit-il être repensé?
- À la lumière des derniers renseignements sur le marché cible, faut-il revoir la stratégie publicitaire? Certaines revues spécialisées ou foires commerciales seraient-elles plus intéressantes?

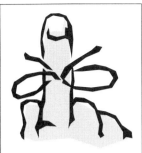

Fort des connaissances acquises à l'occasion de votre mission commerciale, vous êtes maintenant en mesure de réévaluer objectivement votre plan d'exportation, question de vous assurer que ses hypothèses de base sont encore valables.

Vous le ferez en examinant les éléments que nous vous présentons ici.

Ces questions sont tirées du document informatisé Le Guide, document publié par le MICST en 1996.

Une transaction en accéléré

Voici, présentées en un tableau, les différentes étapes par lesquelles vous devez passer lorsqu'un client étranger passe une première commande.

Assurez-vous de ne pas sauter d'étapes (la vérification de la solvabilité, notamment) et tenez-vous au courant des différentes exigences propres au secteur dans lequel vous évoluez.

1. La visite aux clients potentiels
Ces visites sont une occasion de bien comprendre les clients, leurs besoins et leurs attentes.

2. La conclusion d'une vente ou d'un accord de principe
Il est important de confirmer les détails relatifs à la quantité commandée, les modalités de paiement, les modalités d'expédition, le mode de transport et le prix.

3. La vérification des références
- Connaître la cote de solvabilité de l'acheteur;
- Obtenir des références d'autres exportateurs ayant fait affaire avec ce client;
- Demander l'opinion du délégué commercial concerné.

4. La préparation d'une lettre de crédit (si c'est la modalité retenue)
- L'acheteur donne instruction à sa banque d'offrir un crédit à l'exportateur.
- La banque de l'acheteur fait parvenir une lettre de crédit à la banque de l'exportateur.
- Cette dernière fait parvenir la lettre de crédit à l'exportateur.

5. La préparation de la documentation (voir à la page 35) qui peut entre autres contenir :
- La facture commerciale;
- Le bordereau d'expédition;
- L'instruction à l'expéditeur;
- Le certificat d'origine;
- Le document relatif aux normes;
- Le certificat d'origine.

6. L'expédition des marchandises
Le transitaire prépare la facture douanière, la facture consulaire (si nécessaire), le bordereau, le certificat d'assurance et le connaissement. Il distribue ensuite des copies de ces documents à l'acheteur, à la banque commerciale de l'exportateur et à l'exportateur.

7. Le transport
- Le transitaire expédie les marchandises au transporteur.
- L'acheteur reçoit tous les documents nécessaires au dédouanement.

8. Le dédouanement

9. Le recouvrement des créances
- Il faut maintenant s'assurer que les modalités de paiement seront respectées.

Une démarche gagnante en développement de marchés internationaux

Objectif	Vos objectifs refléteront votre désir d'avoir une **présence permanente** sur le marché visé.
Vision	Vos efforts et vos investissements dans le développement des marchés d'exportation pour y acquérir une présence permanente se concrétiseront davantage à **long terme** (entre trois et cinq ans).
Sélection du marché cible	La sélection et le choix de vos marchés cibles s'établiront une fois que vous aurez réalisé une **analyse du potentiel** des marchés.
Mode de pénétration du marché	Une analyse détaillée des **avantages et des inconvénients** propres à chaque mode de pénétration vous permettra de faire un choix plus éclairé.
Engagement devant les ressources	Vous devrez vous engager à faire en sorte d'investir les **ressources** (financières, humaines et matérielles) nécessaires pour vous tailler une place permanente dans ce marché.
Prix de vente	Votre prix de vente sera d'abord déterminé par la **demande**, le degré de **compétitivité**, les **objectifs poursuivis** et votre **plan d'action**.
Adaptation des produits	En fonction des **goûts**, des **préférences** et des **habitudes des consommateurs** du marché visé, vous devrez adapter vos produits.
Développement de nouveaux produits	Vous aurez à stimuler le développement de nouveaux produits pour les différents marchés cibles.
Activités de promotion	Vos efforts dans les moyens de publicité et de promotion des ventes vous permettront d'atteindre les objectifs que vous avez fixés.
Contrôle des canaux de distribution	Vous devrez vous assurer de mettre des efforts continus pour appuyer et contrôler les actions des intermédiaires.

Nous terminons cette cinquième étape en vous présentant les éléments essentiels d'une démarche gagnante de développement des marchés internationaux. Elle a été conçue par la Direction de la promotion des exportations du ministère de l'Industrie, du Commerce, de la Science et de la Technologie du Québec.

Photocopiez cette liste et assurez-vous d'en avoir toujours une copie près de vous. Consultez-la régulièrement.

Suggestions d'activités

Débat lors de votre prochaine réunion

Faites inscrire une activité de groupe à l'ordre du jour de votre prochain *meeting*. Le jour de la rencontre, respectez les étapes suivantes :

1 Photocopiez les pages 5 et 6 de ce guide.
2 Formez des groupes non homogènes de quatre à six personnes. Ne permettez pas, par exemple, que les livreurs soient tous ensemble, que les vendeurs soient tous ensemble ou que le personnel administratif se regroupe. Favorisez la variété dans la composition des groupes.
3 Présentez l'activité de la façon suivante : «Vous avez été divisés en groupes. Je vais maintenant vous distribuer un texte où vous ferez la connaissance de Benoît Dorais, un jeune concepteur de logiciels qui vit des moments difficiles. Commencez par lire le texte individuellement avant de répondre aux questions en groupe. Dans 20 minutes, un représentant de chaque groupe nous livrera vos réponses.»
4 Distribuez les photocopies et rappelez les délais accordés.
5 Pendant que les groupes étudient le cas, restez disponible pour aider les personnes qui n'auraient pas compris ce qui est attendu d'eux.
6 À quatre minutes de la fin, rappelez que chaque groupe doit nommer un représentant pour présenter ses conclusions.
7 Annoncez la fin du travail de groupe. Demandez à chacun des représentants de livrer à tour de rôle les conclusions de son groupe.
8 Encouragez les échanges, puis demandez si la performance de votre organisation pourrait être meilleure si les habiletés de négociation de chacun étaient améliorées.

Une veille à l'exportation

Cette activité permet aux membres de votre équipe de mieux évaluer les occasions d'exportation.

Installez dans une pièce accessible à tout le monde un babillard qui servira à recueillir l'information. Invitez chacun à y afficher tout ce qu'il trouvera comme information sur des marchés que vous n'avez pas encore développés ou sur les gestes de vos concurrents en territoire étranger.

Très tôt, vous le verrez, des tendances se dessineront. Placez le matériel en fonction des marchés et utilisez le tableau comme point de départ à l'occasion d'une prochaine rencontre.

La lecture de ce guide de gestion

Ce guide de gestion ne devrait pas être rangé dans votre bibliothèque une fois votre lecture terminée. Le savoir et les habiletés doivent être partagés avec tous les membres de votre entreprise si vous voulez qu'elle en tire le maximum.

Laissez-le traîner dans la salle des employés. Chacun y puisera, au hasard des lectures, ce dont il a besoin pour devenir plus efficace et, rapidement, votre entreprise s'en trouvera renforcée.

Vous sentez que les membres de votre entreprise auraient avantage à réfléchir sur les occasions d'exportation qui existent dans votre environnement?

Voici quelques activités qui vous aideront à lancer le débat.

Une simulation dans Internet

Internet constitue une puissante source d'information pour quiconque songe à exporter.

Nous vous proposons ici un exercice que vous pourrez réaliser si vous êtes branché au fameux réseau.

Situation
Vous êtes un fabricant de matelas qui aimerait bien faire grandir son marché géographique. Vous songez depuis quelque temps à l'exportation et vous avez décidé, aujourd'hui, d'en apprendre davantage sur cette possibilité.

1. Se rendre sur Stratégis
Dans un premier temps, rendez-vous à l'adresse suivante

```
http://strategis.ic.gc.ca
```

et cliquez sur `Français` pour accéder aux pages francophones.

2. Lancer une recherche
Vous voici au menu principal. Vous pouvez y circuler à votre aise. Mais puisque nous avons un défi particulier à relever, vous devez ensuite cliquer dans la case de recherche. Cliquez sur `Recherche dans Stratégis`.

Une nouvelle page apparaîtra. Tapez dans la case prévue à cette fin le mot

```
matelas
```

Et cliquez ensuite sur `Recherche`. Le serveur du site se lancera alors à la recherche des données qu'il possède sur ce secteur d'activité.

3. Choisir un document
Vous vous retrouvez devant une série de documents qui traitent de votre secteur d'activité. Vous pouvez les consulter tous. Certains vous offriront l'information qui vous intéresse tandis que d'autres ne vous aideront pas. C'est la nature même d'une démarche de recherche. Cliquez ensuite sur le choix suivant :

```
7. Commerce2691
```

4. Retenir l'information
La page qui apparaît contient beaucoup d'information sur l'industrie du matelas et ses principaux marchés d'exportation. Trouvez le marché qui connaît la plus forte croissance (89 % entre 1990 et 1996). C'est sur lui que porteront maintenant vos recherches.

5. Se renseigner sur les marchés
En cliquant sur `page précédente`, retournez à la page de recherche et tapez cette fois le nom du pays (son nom commence par les lettres M, E et X) sur lequel vous souhaitez en apprendre davantage. Des centaines de textes vous seront alors offerts. Certains traitent des tarifs douaniers, d'autres des caractéristiques du marché.

6. Continuer les recherches
Poursuivez alors les recherches jusqu'à ce que vous ayez déterminé si vous êtes en mesure de vous tailler une place dans ce marché.

D'autres recherches seront nécessaires. Vous pourriez, par exemple, taper dans l'engin de recherche AltaVista le nom du pays et le mot « matelas » (*colchón*[1], en espagnol). Vous obtiendrez alors avec une information pointue qui vous sera d'une grande aide.

C'est aussi simple que cela. En quelques minutes, vous avez entrepris une démarche d'exportation.

*

Puisque vous êtes encore en ligne, pourquoi ne pas en profiter pour faire quelques recherches sur votre secteur d'activité?

[1] *Vous ne savez pas comment se dit un mot dans une langue donnée et vous ne disposez pas d'un dictionnaire? Ne vous en faites pas! Des dictionnaires existent dans Internet et vous offrent gratuitement une traduction immédiate. Tentez l'expérience en vous rendant à*

```
http://www2.echo.lu/edic/
```

Liste de contrôle pour la participation à une foire

Douze mois à l'avance

- Obtenez la documentation et les renseignements (superficie de l'événement, nombre de visiteurs attendus, coût de la location et des services supplémentaires, etc.) de l'année courante sur la foire et les catalogues et statistiques des années précédentes.

Neuf mois à l'avance

- Expédiez les contrats pour la foire commerciale et des acomptes sur les réservations.
- Choisissez l'équipe qui vous accompagnera à l'étranger et réservez la chambre d'hôtel.
- Décidez de quels instruments publicitaires vous vous servirez à l'occasion de la foire.

Six mois à l'avance

- Vérifiez le plan du stand et les délais de construction.
- Établissez vos plans d'expédition.
- Choisissez et commandez les échantillons et les cadeaux.
- Déterminez votre stratégie en matière de relations publiques.
- Commandez les fournitures nécessaires pour votre stand.

Quatre mois à l'avance

- Finalisez les modalités d'expédition.
- Vérifiez une dernière fois les documents de vente et de promotion.
- Assignez des tâches à votre personnel.
- Établissez le calendrier des présences dans votre stand.

Trois mois à l'avance

- Vérifiez une dernière fois la liste des fournitures et de l'équipement.
- Faites les arrangements pour l'expédition et faites assurer votre matériel d'exposition.
- Donnez le feu vert à la publicité et à la promotion locale.
- Commandez des macarons pour ceux qui assureront la permanence à votre stand.

Deux mois à l'avance

- Envoyez à la direction de la foire commerciale la liste des personnes qui assureront la permanence à votre stand.
- Envoyez des invitations à vos clients et représentants éventuels pour qu'ils visitent votre stand, assistent à une réception, etc.
- Vérifiez une dernière fois les arrangements pris pour le voyage.

Un mois à l'avance

- Vérifiez la date de livraison du matériel d'exposition, de l'équipement et des fournitures.
- Prenez les arrangements nécessaires pour le remballage et le retour de vos produits.
- Vérifiez les dispositions qui ont été prises pour la construction de votre stand.

La semaine précédant la foire

- Révisez les dispositions prises.
- Faites-vous confirmer l'arrivée de votre matériel d'exposition et des équipements.
- Préparez une trousse pour les réparations d'urgence au stand.
- Prenez note de tous les numéros de téléphone importants.
- Communiquez le numéro de téléphone de votre stand et de votre hôtel à vos employés qui restent au Québec.

La veille de l'ouverture de la foire

- Vérifiez une dernière fois le stand, le mobilier et l'équipement.
- Mettez la dernière main au calendrier des présences dans votre stand.
- Parcourez toute la foire et voyez comment vos concurrents s'y sont préparés.

Pendant la foire

- Prenez le petit-déjeuner avec votre personnel pour l'informer des activités à venir.
- Vérifiez ce que font vos concurrents.
- Communiquez avec des partenaires étrangers potentiels.

Nous avons mentionné à la page 28 qu'une participation à une foire commerciale se prépare longtemps d'avance.

Certaines de ces foires n'ont lieu que tous les quatre ans; une participation à ces événements n'est donc pas une activité qu'on prépare sans planification.

Voici une liste de vérification qui vous permettra de vous préparer en conséquence. Elle est tirée du guide informatisé L'exportation à votre portée.

Assurez-vous, avant de vous lancer, de vérifier s'il existe dans le marché que vous convoitez des règles non écrites qui pourraient nuire à vos efforts.

Dans certains pays, par exemple, des intermédiaires s'attendent à recevoir des pourboires avant de faire leur travail.

Des comportements jugés illicites au Québec sont-ils considérés comme courants dans le marché que vous convoitez? Il n'y a rien de mieux pour le savoir que de discuter avec des gens d'affaires qui exportent déjà dans ces régions.

Les conditions de vente et la documentation

Les *incoterms*

Dans toutes vos transactions internationales, vous devez savoir qui sera responsable des arrangements, des coûts de transport ou de la détérioration des produits pendant le transport.

La Chambre de commerce internationale a établi un ensemble de règles que l'on appelle couramment les *incoterms*. Ceux-ci définissent les obligations respectives de l'acheteur et du vendeur. Voici les principaux incoterms.

- *À l'usine (EXW)*. C'est l'*incoterm* qui présente le moins d'obligations pour le vendeur. L'acheteur assume tous les risques et les frais de transport entre vos locaux et la destination finale.

- *Franco-wagon (FW)*. Votre responsabilité cesse au moment où la marchandise est chargée à bord des wagons du transporteur ferroviaire.

- *Franco le long du navire (FAS)*. En tant que vendeur, vous êtes responsable des marchandises tant qu'elles n'ont pas été placées le long du bateau au port d'embarquement. Les déclarations nécessaires à l'exportation sont donc du ressort de l'acheteur.

- *Franco à bord (FOB)*. Votre responsabilité s'arrête au moment où les marchandises ont été chargées sur le bateau.

- *Coût-Fret (CF)*. L'acheteur devient responsable des marchandises dès leur chargement sur le bateau, mais le vendeur doit prendre en charge les coûts de transport jusqu'à destination.

- *Coût, assurance et fret (CAF)*. Même chose que Coût-Fret, mais le vendeur est responsable des marchandises jusqu'à destination.

- *À quai*. C'est l'*incoterm* qui présente le plus d'obligations pour le vendeur. Dans ce cas, vous devez livrer les marchandises à l'acheteur sur le quai indiqué dans le contrat de vente.

La documentation

Nous avons nommé quelques documents à la page 30. En voici les définitions.

Facture commerciale. Cette facture précise tous les détails de l'entente et doit être conforme au contenu de la lettre de crédit. Puisque l'acheteur s'en servira pour dédouaner les marchandises, la facture doit contenir une description du produit suffisamment détaillée en vue de la classification et de l'évaluation par la douane. Le prix de vente ainsi que les frais d'expédition et tous les autres frais doivent y être indiqués clairement.

Bordereau d'expédition. Ce document, qui décrit le contenu d'un colis, indique également le nombre, la nature et les marques distinctives des divers colis faisant l'objet d'un même chargement. Ces renseignements doivent être en tous points conformes à ceux de la facture commerciale.

Instructions à l'expéditeur. Dans cette lettre, l'exportateur autorise le transitaire à agir en son nom et précise les conditions générales de la vente. Elle doit contenir tous les renseignements nécessaires au transitaire pour faire son travail.

Certificat d'origine. Pour bénéficier d'un tarif préférentiel en vertu de l'Accord de libre-échange nord-américain (ALENA), les entreprises canadiennes qui exportent vers les États-Unis doivent démontrer que leurs marchandises sont conformes aux exigences minimales en matière de teneur canadienne ou américaine.

Documents relatifs aux normes. Dans certains cas, l'exportateur doit certifier que le produit répond aux normes en vigueur dans le pays d'importation.

Certificat d'hygiène. Certains produits comme les viandes et les animaux vivants doivent être inspectés avant d'être exportés. Le certificat d'hygiène confirme qu'ils ne sont pas porteurs de maladie.

Glossaire

Agence canadienne de développement international (ACDI)
Société d'État canadienne dont le mandat est de participer au financement des banques multilatérales de développement dont la Canada est membre et d'administrer des programmes d'assistance aux pays en voie de développement.

Arbitrage
Règlement d'un litige commercial par un arbitre désigné dans le contrat commercial.

Barrières commerciales
Mesures protectionnistes qui prennent la forme de droits compensatoires, de tarifs douaniers, de quotas et d'autres types de restrictions par rapport au commerce libre.

Chambre de commerce internationale (CCI)
Organisation non gouvernementale au service des milieux d'affaires internationaux. Elle compte parmi ses membres plus de 100 pays ainsi que des milliers de groupements économiques et d'entreprises aux intérêts internationaux.

Conteneur
Caisse de dimensions normalisées pour le transport de marchandises.

Courtier en douanes
Intermédiaire chargé d'acquitter les droits exigés pour faire passer à la douane certaines marchandises.

Crédit documentaire
Engagement conditionnel fourni par une banque de payer une somme d'argent au bénéficiaire désigné, en échange de documents conformes et sujet au respect de conditions particulières.

Incoterms
Règles internationales permettant d'interpréter les termes commerciaux les plus utilisés dans le commerce extérieur.

Lettre de change
Effet de commerce transmissible par lequel un créancier donne l'ordre à son débiteur de payer à une date déterminée la somme qu'il lui doit.

Logistique
Ensemble de méthodes et de moyens relatifs à l'organisation de la manutention et du transport des marchandises.

Médiation
Activité destinée à mener à un accord. Procédure du droit international qui propose une solution de conciliation aux parties en litige.

Organisation mondiale du commerce (OMC)
Créée le 1er janvier 1995, l'OMC est le fondement juridique et institutionnel du système de commerce multilatéral. Elle supervise les principales obligations contractuelles selon lesquelles les gouvernements doivent formuler et appliquer leurs lois et règlements en matière de commerce.

Protectionnisme
Politique de protection de la production nationale contre la concurrence étrangère.

Société de développement industriel du Québec (SDI)
Société d'État québécoise favorisant le développement des entreprises par l'offre de divers programmes d'assistance et de financement.

Société pour l'expansion des exportations (SEE)
Société d'État canadienne dont le mandat est de promouvoir les exportations de biens et de services canadiens en mettant à la disposition des exportateurs canadiens des services d'assurance et de financement.

Taux de change
Le prix d'une monnaie par rapport à une autre monnaie.

Transitaire
Commissionnaire en marchandises qui s'occupe de leur importation et de leur exportation.

Transport intermodal
Mode de transport qui met en jeu plusieurs moyens de transport différents.

Vous voici au terme de votre lecture. Nous espérons que vous l'avez appréciée.

Mais ne vous arrêtez pas là! Mettez en pratique, dès aujourd'hui, ce que vous avez lu et ajoutez immédiatement à votre agenda une nouvelle lecture dans approximativement un mois.

Vous pourrez alors faire le point sur les concepts que vous avez assimilés et sur les éléments qu'il vous reste à maîtriser.

Bon travail!

Vous souhaitez en savoir davantage, notamment sur les caractéristiques de plusieurs marchés et sur la trousse du bon exportateur?

Nous vous suggérons de lire Comment gagner la course à l'exportation, un ouvrage dont vous retrouvez la référence bibliographique dans la liste des suggestions de lecture.

Suggestions de lecture

De nombreux ouvrages de référence et guides techniques ont été écrits sur les divers aspects de l'exportation. Parmi ceux-ci, nous avons retenu les suivants :

⇒ Banque Royale, *Le premier guide annuel de l'exportation*, N° 2 de la collection *Cercle de l'entreprise en croissance*, 1997, 26 pages.

⇒ Chambre de commerce internationale, *Guide des opérations de crédit documentaire*, publication 515, Paris, 1994.

⇒ Chambre de commerce internationale, *Incoterms 1990,* publication 460, Paris, 1990.

⇒ MANA, *Directory of Manufacturers' Agents National Association*, Laguna Hills, CA, 1997, 944 pages. (ISBN 0890-7641)

⇒ Farah-Lajoie, Pierre, *Vendre à l'étranger - Un art à maîtriser*. Agence d'Arc, Laval, 1992.

⇒ Forum pour la formation en commerce international, *Entrepreneuriat mondial, habiletés 1, volume 1*, 1996.

⇒ Lacasse, Nicole, Louis Perret et Jean-Émile Denis, *Faire affaire à l'étranger*, Montréal, Éditions Wilson et Lafleur, 1992.

⇒ Librowicz, Michel, Yvon G. Perreault et Paul Dell'Aniello, *L'exportation et la PME : pourquoi et comment*, Éditions G. Vermette, Boucherville, 1984.

⇒ Ministère de l'Industrie, du Commerce, de la Science et de la Technologie, 1992, *L'exportation à votre portée* (document informatisé), 1996.

⇒ Vigny, Georges, *Comment gagner la course à l'exportation,* Fondation de l'Entrepreneurship et Éditions Transcontinental, Charlesbourg, Montréal, 1998, 270 pages.

Les bonnes adresses

⇒ N'hésitez pas à communiquer avec le service de la formation du ministère de l'Industrie, du Commerce, de la Science et de la Technologie. On y organise des sessions de formation sur l'exportation. Parmi celles-ci :

- Comment tirer le maximum d'un agent manufacturier
- Occasions et conditions d'affaires aux États-Unis
- Préparer un voyage d'affaires
- Comment négocier en Amérique Latine
- Comment négocier en Asie
- La pratique du négoce international

⇒ De plus, si vous avez accès à Internet, nous vous encourageons à visiter les sites suivants :

- Manufacturers' Agents National Association : www.manaonline.org
- Stratégis : www.ic.gc.ca
- Société pour l'expansion des exportations : edc.gc.ca
- Forum pour la formation en commerce international (FITT) : www.fitt.ca
- Banque de développement du Canada (BDC) : http://bdc.ca/site/francais
- Ministère des Affaires étrangères et du Commerce international : www.dfait-maeci.gc.cca/francais/menu.htm
- Équipe Canada : http://exportsource.gc.ca

Finalement, n'oubliez pas de visiter les sites des principales institutions financières du pays. Vous y trouverez de nombreuses réponses à vos questions.

Les guides de gestion en un coup d'œil

Ces guides de gestion s'adressent-ils à vous?

	Services		Manufacturier	Détaillant
	Entreprises	Personnes		
1. La gestion du temps	oui	oui	oui	oui
2. L'art de négocier	oui	oui	oui	oui
3. La comptabilité de gestion	oui	oui	oui	oui
4. La gestion financière	oui	oui	oui	oui
5. La gestion des ressources humaines	oui	oui	oui	oui
6. Le marketing	oui	non	oui	non
7. La vente et sa gestion	oui	non	oui	non
8. La gestion de la force de vente	non	oui	non	oui
9. Le marchandisage	non	non	oui*	oui
10. La publicité et la promotion	non	oui	non	oui
11. L'exportation	oui	non	oui	non
12. La gestion des opérations	oui**	non	oui	non
13. La gestion des stocks	non	non	non	oui
14. Les mesures légales et la réglementation	oui	oui	oui	oui
15. La sécurité	non	non	non	oui
16. La qualité des services à la clientèle	oui	oui	oui	oui
17. Les réseaux d'entreprises	oui	oui	oui	oui

*   S'applique aux produits de consommation.
**   S'applique aux entreprises qui opèrent dans des secteurs comme l'usinage et la remise à neuf des composantes, de moteurs et autres engins.

La réponse aux besoins de votre entreprise

Montréal centre-ville
1, Place Ville-Marie, Mezzanine 1, Montréal. Tél.: (514) 874-2373
1134, rue Sainte-Catherine Ouest, 7ᵉ étage, Montréal. Tél.: (514) 874-5783
360, rue Saint-Jacques Ouest, Montréal. Tél.: (514) 874-3477

Ouest de Montréal
3900, ch. Côte-Vertu, bureau 101, Saint-Laurent. Tél.: (514) 856-8609
610, boul. Saint-Jean, Pointe-Claire. Tél.: (514) 630-8414
7717, boul. Newman, LaSalle. Tél.: (514) 368-0288
351, av. Laurier Ouest, bureau 300, Montréal. Tél.: (514) 495-5919

Est de Montréal
7151, rue Jean-Talon Est, 8ᵉ étage, Anjou. Tél.: (514) 493-5853
8500, boul. Langelier, bureau 200, Saint-Léonard. Tél.: (514) 328-7384
417, boul. Lacombe, Le Gardeur. Tél.: (450) 582-8965

Rive-Nord
3100, boul. Le Carrefour, bureau 220, Laval. Tél.: (450) 686-3371
780, boul. Curé-Labelle, Blainville. Tél.: (450) 433-6485
460, boul. Labelle, bureau 201, Saint-Jérôme. Tél.: (450) 569-5546

Rive-Sud
43, boul. Saint-Charles Ouest, 2ᵉ étage, Longueuil. Tél.: (450) 442-5653
7250, boul. Taschereau, 2ᵉ étage, Brossard. Tél.: (450) 923-5101

Québec
700, Place d'Youville, Québec. Tél.: (418) 692-6974
2450-2, boul. Laurier, Sainte-Foy. Tél.: (418) 654-9849
5415, boul. de la Rive-Sud, Lévis. Tél.: (418) 838-3620

Centre du Québec
1050, boul. Casavant Ouest, bureau 1000, Saint-Hyacinthe. Tél.: (450) 771-3838
135, rue Richelieu, Saint-Jean-sur-Richelieu. Tél.: (450) 358-6008
197, rue Principale, Granby. Tél.: (514) 375-8107
169, rue Victoria, Valleyfield. Tél.: (514) 373-5723

Est du Québec
327A, boul. Lasalle, Baie-Comeau. Tél.: (418) 296-3368
36, boul. René-Lévesque Est, Chandler. Tél.: (418) 689-2227
72, rue Palais-de-Justice, Montmagny. Tél.: (418) 248-1707
1, rue Saint-Germain Est, Rimouski. Tél.: (418) 725-6019
12095, 1ʳᵉ Avenue Est, Saint-Georges-de-Beauce. Tél.: (418) 227-7921
440, rue Brochu, Sept-Îles. Tél.: (418) 962-9582

Ouest du Québec
375, boul. Manseau, Joliette. Tél.: (450) 752-6317
31, rue Iberville, Berthierville. Tél.: (450) 836-3741
1100, boul. Moody, Terrebonne. Tél.: (450) 964-4015

Estrie
2665, rue King Ouest, bureau 201, Sherbrooke. Tél.: (819) 823-4222
77, rue Wellington, Coaticook. Tél.: (819) 849-4399
1125, boul. Saint-Joseph, Drummondville. Tél.: (819) 478-6333
118, rue Notre-Dame Est, Victoriaville. Tél.: (819) 751-6107

Mauricie
303, boul. des Forges, Trois-Rivières. Tél.: (819) 691-8001
500, rue Commerciale, CP 610, La Tuque. Tél.: (819) 676-5063

Outaouais/Abitibi
425, boul. Saint-Joseph, Hull. Tél.: (819) 773-2042
100, rue du Terminus Ouest, Rouyn-Noranda. Tél.: (819) 763-4035
341, rue Principale, Shawville . Tél.: (819) 647-7010
689, 3ᵉ Avenue, Val-d'Or. Tél.: (819) 824-5140

Saguenay–Lac-Saint-Jean
114, rue Racine Est, Chicoutimi. Tél.: (418) 693-4509
510, rue Sacré-Cœur Ouest, Alma. Tél.: (418) 662-8502
502, 3ᵉ Rue, Chibougamau. Tél.: (418) 770-3011
1300, boul. Wallberg, Dolbeau. Tél.: (418) 276-2756
893, boul. Saint-Joseph, Roberval. Tél.: (418) 275-1302
1110, boul. Sacré-Cœur, Saint-Félicien. Tél.: (418) 679-0725

2